# 机场群与新型城镇化

## ——机场群与城市群关系研究

JICHANGQUN YU XINXING CHENGZHENHUA

JICHANGQUN YU CHENSHIQUN GUANXI YANJIU

陈 和 著

大连海事大学出版社

**图书在版编目(CIP)数据**

机场群与新型城镇化：机场群与城市群关系研究 /
陈和著 . 一大连：大连海事大学出版社，2019. 12
ISBN 978-7-5632-3872-9

Ⅰ . ①机… Ⅱ . ①陈… Ⅲ . ①机场建设—关系—城市
群—发展—研究—中国 Ⅳ . ①F562. 3②F299. 21

中国版本图书馆 CIP 数据核字(2019)第 267057 号


**大连海事大学出版社出版**

地址：大连市凌海路1号 邮编：116026 电话：0411-84728394 传真：0411-84727996
　　　http://press. dlmu. edu. cn E-mail：dmupress@ dlmu. edu. cn

大连海大印刷有限公司印装　　　　　　　大连海事大学出版社发行

2019 年 12 月第 1 版　　　　　　　　　　2019 年 12 月第 1 次印刷
幅面尺寸：155 mm×235 mm　　　　　　　　　　　　　　印张：9. 5
字数：131 千　　　　　　　　　　　　　　　　　印数：1~500 册

出版人：余锡荣

责任编辑：董洪英　　　　　　　　　　　　　责任校对：刘若实
封面设计：解瑶瑶　　　　　　　　　　　　　版式设计：解瑶瑶

ISBN 978-7-5632-3872-9　　　定价：33. 00 元

# 前　言

　　自 2008 年于北京交通大学毕业进入中国民航管理干部学院工作以来,我专注于研究航空运输经济,承蒙民航发展持续向好的大环境和学院同事的关照,参与了几十项有关民航业的研究与咨询项目,涉及民航管理体制、行业发展政策、机场规划、机场管理模式、机场与地方经济关系、航空城规划、航空公司发展战略等众多领域。因此,我对民航由陌生到了解,由目有所见到心有所想,这是写作本书的初衷。城市历史学家说,"城市的希望永远只能在于城市之外"。民航管理者说,"要跳出航空看航空"。本书探讨机场群与新型城镇化的协调发展,试图找出航空与城市彼此契合的实践路径。

　　在全球经济一体化的宏观背景下,城市已不再仅仅是属于民族国家的范畴,而是越来越融入全球经济体系之中,城市的兴旺也是一国参与世界经济劳动地域分工的体现。规划、建立城市地区便利的交通体系,在更广阔的空间里,创造一个充满活力的经济社会环境,有助于提升城市的竞争力。

　　随着城市化进程的展开,机场已由以往城市发展的交通基础设施转变为通过影响能源、土地和环境等政策引导城市发展的重要平台。机场引发的城市空间演变新形态,已然成为城市的一部分,成为城市的新增长极,城市群与机场群在航空链条上形成"利益共同体",推动航空经济新产业链和生态圈的形成,并重塑机场管理和运营模式。

　　机场群从空间角度上拓宽了机场对区域形态影响的广延性,展示了城市形态演变的另一种动态特征,并且突出机场在区域发展中不可替代的战略地位。因而,在机场与城市的发展关系中,需要着重处理好两个问题:一是,坚持交通运输发展的区域统筹,探索建立以机场为枢纽核心的区域交通运输一体化发展模式;二是,在机场的管理体制上,从土地利用、交通设施规划、产业发展和人口布局等多个方面进行系统性设计,通过多机场系统来实现民航运输与地区经济社会发展之间的协调,在资源与环境的约束条件下,达到机场可持续发展的目的。

获得诺贝尔经济学奖的美国经济学家斯蒂格利茨曾于 2000 年 7 月说过,中国的城镇化与美国的新技术革命被视作 21 世纪影响人类社会进程的最主要的两件大事。[①] 我国城镇化的画卷还在徐徐展开,以新发展理念推进的民航高质量发展还要打破行业发展束缚,化解制约行业发展的深层次结构性矛盾。

囿于本人才疏学浅,知识结构尚有缺陷,对新型城镇化和民航高质量发展的实践与趋势,尤其是背后更为重要的规律性,还无法全面把握,书中的疏漏与不足,请大家批评指正。

陈和

2019 年 8 月于北京

---

① 吴良镛、呈唯佳、武廷海:《从世界城市化大趋势看中国城市化发展》,《科学新闻》2003 年第 17 期,第 7-8、47 页。

# 目　录

1

# 第 1 章
# 为什么要建设新型城镇化

## 1.1 城镇化的内涵与作用

2012 年 11 月,党的十八大报告明确提出新型城镇化发展道路。2014 年 3 月,中共中央、国务院印发《国家新型城镇化规划(2014—2020 年)》。党和国家的纲领性文件采用"城镇化"这一说法,而不是"城市化"的说法,使得城镇化研究成为当下炙手可热的研究课题,在官方文件中"城镇化"的使用率显著增加,远远超过"城市化"的使用率。究竟是使用"城市化"还是"城镇化",在国内已存在长久争议,一字之差的两个词,内涵是否一样?

## 1.1.1　城镇化与城市化的异同

我们不妨先从"城市"与"镇"的历史和概念入手,搞清楚城镇化与城市化的相同之处与不同之处。

众所周知,城市是相对于农村而言的一个地理概念。美国城市经济学学者阿瑟·奥沙利文说:"城市之所以会存在,是因为个人是不能自给自足的。"

在汉语中,城市是一个复合词:城原指都邑四周为防御而建的城垣,由城墙环绕而成;市是指集中做买卖进行交易的场所,《易传·系辞传下》中有:"日中为市,致天下之民,聚天下之货,交易而退,各得其所,盖取诸《噬嗑》。"市罢即自行散去,在当时并没有全日制的市场。城与市这两者是城市最原始的形态。因此,城与市不可分割,城是地理意义上的界定,市是城的经济基础,二者相互促进、共同发展。在当代,除个别政治、文化、军事需要外,城市主要是工业化扩张和升级的结果,是信息化、工业化的产物。

依据我国住房和城乡建设部批准编制的《城乡规划基本术语标准》,城市(city)是"以非农产业和非农人口集聚为主要特征的人类聚落"。美国人口普查局对城市的定义是,"城市是一个具有与镇不同的法律地位、具有某种专门化职能的较大的人口集聚区"。

在空间范围上,我国的城市都包括广大的农村地域,要兼顾城市管理和区域管理职能,属于城乡合治类型;而西方国家的城市一般指城市的实体地域,只有城市管理职能,属于城乡分治类型。

在城市设置标准方面,世界上多数国家是以城区常住人口规模指标为主要参考标准的。按照《联合国人口统计年鉴》的统计,设置城市的人口下限标准最低的只有100人(如乌干达),除我国外,最高的城市人口下限标准为5万人(如日本),还有近四十个国家的城市人口下限标准在3 000人以下,美国设置城市的人口下限标准为1 000人。一些国家和地区城镇人口下限标准如表1-1-1所示。

表 1-1-1　一些国家和地区城镇人口下限标准

| 下限标准（人） | 国家和地区 |
| --- | --- |
| 100 | 乌干达 |
| 200 | 丹麦、瑞典、挪威、冰岛等 |
| 400 | 阿尔巴尼亚等 |
| 500 | 南非、巴布亚新几内亚等 |
| 1 000 | 美国、加拿大、委内瑞拉、澳大利亚、新西兰等 |
| 1 400 | 汤加等 |
| 1 500 | 巴拿马、哥伦比亚、爱尔兰等 |
| 2 000 | 法国、德国、荷兰、阿富汗、阿根廷、古巴、埃塞俄比亚、希腊、以色列、捷克、斯洛伐克、加蓬等 |
| 2 500 | 墨西哥、泰国等 |
| 3 000 | 英国等 |
| 5 000 | 印度、巴基斯坦、伊朗、孟加拉国、韩国、沙特阿拉伯、土耳其、比利时、奥地利、加纳、马里等 |
| 10 000 | 马来西亚、科威特、西班牙、葡萄牙、意大利、瑞士等 |
| 20 000 | 尼日利亚、毛里求斯 |
| 50 000 | 日本 |

资料来源:城市化的基本理论,www. doc88. com/p-025996934140. html。

转引自黄征学:《城市群界定的标准研究》《经济问题探索》2014 年第 8 期,第 156-164 页。

　　我国的城市设置标准是全世界最高的,按照国务院 1993 年颁布的标准,县城人口 8 万以上才具有设市申请资格。我国设镇的标准是常住人口 2 000 人以上的居民点,这个标准已经达到了西方许多国家的设市标准。事实上,我国设市和设镇的标准较高与人口众多的国情直接相关。

在统计口径上,我国的城市分为地级市和县级市,其设立的具体标准如表 1-1-2、表 1-1-3 所示。

表 1-1-2　我国设立地级市的标准

| 指标 | 标准 |
|------|------|
| 市区非农业人口(万人) | 25 |
| 市政府驻地具有非农业户口人口(万人) | 20 |
| 工农业总产值(亿元) | 30 |
| 工业产值占工农业总产值比重 | 80% |
| 国内生产总值(亿元) | 25 |
| 第三产业产值占 GDP 的比重 | 35%以上并大于第一产业产值 |
| 地方本级预算内财政收入(亿元) | 2 |

资料来源:《国务院批转民政部关于调整设市标准报告的通知》(国发〔1993〕38 号)。

表 1-1-3　我国设立县级市的标准

| 人口密度(人/平方千米) | | >400 | 100~400 | <100 |
|------|------|------|------|------|
| 县政府驻地 | 非农业人口(万人) | 12 | 10 | 8 |
| | 其中具有非农业户口人口(万人) | 8 | 7 | 6 |
| | 自来水普及率 | 65% | 60% | 55% |
| | 道路铺装率 | 60% | 55% | 50% |
| | 城区基础设施较完善、排水系统较好 | — | — | — |

续表

| | | 15 | 12 | 10 |
|---|---|---|---|---|
| **非农业人口(万人)** | | 15 | 12 | 10 |
| **全县** | 非农业人口占总人口比重 | 30% | 25% | 20% |
| | 乡镇以上工业产值(亿元) | 15 | 12 | 8 |
| | 乡镇以上工业产值占工农业总产值比重 | 80% | 70% | 60% |
| | 国内生产总值(亿元) | 10 | 8 | 6 |
| | 第三产业占 GDP 的比重 | 20% | 20% | 20% |
| | 地方本级预算内财政收入 人均(元) | 100 | 80 | 60 |
| | 总收入(万元) | 不少于 6 000 | 不少于 5 000 | 不少于 4 000 |
| | 上缴 | 承担一定的上缴任务 | | |

资料来源:《国务院批转民政部关于调整设市标准报告的通知》(国发〔1993〕38 号)。

2014 年 10 月,国务院印发《国务院关于调整城市规模划分标准的通知》(国发〔2014〕51 号),对原有的城市规模划分标准进行了调整,明确了新的城市规模划分标准以城区常住人口为统计口径,将城市划分为五类七档(见表 1-1-4)。

表 1-1-4　我国城市规模划分标准

| 城市类别 | | 划分标准 |
|---|---|---|
| 超大城市 | | 城区常住人口 1 000 万以上 |
| 特大城市 | | 城区常住人口 500 万以上 1 000 万以下 |
| 大城市 | Ⅰ型大城市 | 城区常住人口 300 万以上 500 万以下 |
| | Ⅱ型大城市 | 城区常住人口 100 万以上 300 万以下 |
| 中等城市 | | 城区常住人口 50 万以上 100 万以下 |

续表

| 城市类别 | | 划分标准 |
| --- | --- | --- |
| 小城市 | Ⅰ型小城市 | 城区常住人口 20 万以上 50 万以下 |
| | Ⅱ型小城市 | 城区常住人口 20 万以下 |

注:以上包括本数,以下不包括本数。

资料来源:《国务院关于调整城市规模划分标准的通知》(国发〔2014〕51 号)。

在我国,"镇"最早出现于北魏时期,是指边境的小型军事据点,发展到现在则指建制镇。1955 年《国务院关于城乡划分标准的规定》是我国"城镇"官方用语的滥觞,该规定设置了城镇、城镇型居民区的划分标准,指出城镇可以再区分为城市和集镇,开启了将镇纳入城市管理的先河。

原建设部(现住房和城乡建设部)1995 年颁布的《建制镇规划建设管理办法》规定,建制镇是指国家按行政建制设立的镇,不含县城关镇。我国建制镇的现行设置标准如表 1-1-5 所示。

表 1-1-5　我国设镇标准

| 标准 | | 每平方千米人口密度 | | |
| --- | --- | --- | --- | --- |
| | | 350 人以上的县 | 100 至 350 人的县 | 100 人以下的县 |
| 总人口 | | 不低于 3.5 万人 | 不低于 2.5 万人 | 不低于 1.5 万人 |
| 政府驻地居住人口 | | 不低于 8 000 人 | 不低于 5 000 人 | 不低于 3 000 人 |
| 财政收入 | | 不低于上一年本省(自治区、直辖市)镇的平均水平 | 不低于上一年本省(自治区、直辖市)镇的平均水平 | 不低于上一年本省(自治区、直辖市)镇的平均水平 |
| 公共基础和社会服务设施 | 道路铺装率 | 不低于 75% | 不低于 65% | 不低于 55% |
| | 自来水普及率 | 不低于 75% | 不低于 65% | 不低于 55% |
| | 垃圾处理率 | 不低于 30% | 不低于 30% | 不低于 30% |
| | 人均公共绿地 | 不小于 10 平方米 | 不小于 10 平方米 | 不小于 10 平方米 |

数据来源:《设镇标准》(征求意见稿,2003 年 9 月),民政部。

　　许多国家镇的人口规模比较小,有的甚至没有镇的建制,因而,英语"urbanization"往往仅指人口向"city"转移和集中的过程,故称"城市化",这是欧美国家一般使用"城市化"概念的主要原因。

　　我国设有镇的建制,并且不少镇的人口规模与国外的小城市相当,人口不仅向"city"集聚,也向"town"转移。实际上,我们从下面的一组数据分析中,会更加清楚在国家政策层面为什么将"城镇化"作为我们统一的"官方口径"。

　　2003 年是改革开放以来我国建制镇发展的一个分水岭。在此之前,我国建制镇的发展形势可以用"遍地开花"来形容。从 1993 年算起,即我国正式确认实行社会主义市场经济以来,到 2003 年,我国建制镇的数量从 15 806 个增加到 20 226 个。而在此期间,为严格控制城市建设用地尤其是中小城市建设用地规模,1997 年 4 月,中共中央、国务院在《关于进一步加强土地管理切实保护耕地的通知》中明确提出"冻结县改市的审批",自此以后,除个别情况外,我国建制市的设置工作基本上处于停滞状态,特别是随着部分地区实施"撤县市改区"的区划调整,全国建制市的数量不但没有增加反而有所减少。1993—2003 年,我国建制镇数量的增幅为 28%,而同期城市数量的增幅为 16%。

　　因设镇标准指标偏低,致使部分地区镇的数量增加过快、质量不高、规模偏小,为促进小城镇健康发展,经国务院批准,2002 年 8 月颁布的《国务院办公厅关于暂停撤乡设镇工作的通知》(国办发〔2002〕40 号)要求停止执行《国务院批转民政部关于调整建镇标准的报告的通知》(国发〔1984〕165 号),在新的设镇标准公布前,各省、自治区、直辖市暂停撤乡设镇工作。

　　全国各地星罗棋布存在的众多建制镇,与城市一样,也是非农业产业和非农业人口集聚而形成的居民点,这些不属于城市级别的县城和建制镇等城镇居民点也是吸纳农村人口的重要渠道。在此意义上,如果我们讨论中国的"城市化"只关注"城市",要把每年新增的上亿人口全部安置在"城市"中,将是"城市"不可承受之重。在城市以外,城镇化更能反映出"镇"在我国城市化进程中的重要作用。

表 1-1-6　我国城市、建制镇数量变化情况（个）

| 年份 | | 1993 | 1994 | 1995 | 1996 | 1997 | 1998 | 1999 | 2000 | 2001 | 2002 | 2003 | 2004 |
|---|---|---|---|---|---|---|---|---|---|---|---|---|---|
| 市 | 总数 | 567 | 619 | 637 | 663 | 664 | 664 | 667 | 663 | 662 | 660 | 660 | 661 |
| | 地级市 | 196 | 206 | 210 | 218 | 222 | 227 | 236 | 259 | 265 | 275 | 282 | 283 |
| | 县级市 | 371 | 413 | 427 | 445 | 442 | 437 | 427 | 400 | 393 | 381 | 374 | 374 |
| 建制镇 | | 15 806 | 16 702 | 17 532 | 18 171 | 18 925 | 19 216 | 19 756 | 20 312 | 20 374 | 20 601 | 20 226 | 19 883 |
| 年份 | | 2005 | 2006 | 2007 | 2008 | 2009 | 2010 | 2011 | 2012 | 2013 | 2014 | 2015 | 2016 |
| 市 | 总数 | 661 | 656 | 655 | 655 | 654 | 657 | 657 | 657 | 658 | 653 | 656 | 657 |
| | 地级市 | 283 | 283 | 283 | 283 | 283 | 283 | 284 | 285 | 286 | 288 | 291 | 293 |
| | 县级市 | 374 | 369 | 368 | 368 | 367 | 370 | 369 | 368 | 368 | 361 | 361 | 360 |
| 建制镇 | | 19 522 | 19 369 | 19 249 | 19 234 | 19 322 | 19 410 | 19 683 | 19 881 | 20 117 | 20 401 | 20 515 | 20 883 |

数据来源：《社会服务发展统计公报》，民政部；《城乡建设统计公报》，住房和城乡建设部。

　　我国的等级化城市管理体制决定了我国是城镇化而非简单的城市化过程。这也可以看成我国城镇化的一个特点。

　　2005 年《中共中央关于制定国民经济和社会发展第十一个五年规划的建议》中首次提出城市群战略，结束了长期以来我国是走"小城镇"还是走"大都市"的发展路径之争，表明了我国的城市化既包括层级较低的城镇化，也包括层级最高的都市化。

　　这个战略思想一经确立就没有改变，在党的十八大报告中成为"科学规划城市群规模和布局，增强中小城市和小城镇产业发展、公共服务、吸纳就业、人口聚集功能……"，将我国以城市群为主体形态、以中小城市发展为支撑、以四化同步为关键、统筹城乡发展的新型城镇化蓝图明确描绘出来。

　　欧美国家的城市化诞生了众多的城市，也建设了美丽且宜居的小城镇。因此，可以说，城市化与城镇化不存在本质性区别，城市化也并不代表城市偏向的政策含义。不管是以城市为中心，还是以小城镇为中心,它们都肩负着同样的历史使命,那就是:让人口从农村走出来,从第一产业转向第二、三产业。从这个角度讲,城镇化与城市化没有根本区别。

但人们也有疑虑,认为城镇化把"市"这个最重要的经济基础抽象掉,将城、镇与"市"分离割裂开来,这在概念上就违背了以"市"为基础的合理内涵;同时在外延上,必然失去"市"对城镇规模、地理范畴的自然界定,变成可以由人的意志决定的主观的东西(田雪原,2013)。

这可以理解为学术界对我国城市化的特点、规律、战略重点、发展路径等基础研究还相对不足,难以满足我国城乡在快速发展中对观念、理论、思想和智慧的强烈现实需要。受我国城市化水平相对不高、城市研究整体上比较落后等方面的局限,一些亟待探讨和研究的城镇化理论和实践问题,如城镇化的概念与阐释、城镇化与现代化及扩大内需的关系、我国城镇化的问题与战略参照等,都未能得到深入的辨析、阐释和总结,成为影响我国城镇化战略、城市建设及城乡一体化发展的深层次问题。[①]

## 1.1.2　城镇化的内涵

城镇化是全球性的经济社会演变过程,是人类社会发展的必然趋势,也是各个国家实现工业化和现代化的必然途径。工业革命以来的经济社会发展史表明,一国要成功实现现代化,必须在工业化发展的同时注重城镇化的发展。

不同学科对城镇化的理解各不相同。人口学认为,城镇化是指农村人口不断涌入城市,是人口的地理迁移过程,是城市人口占总人口的比重不断上升的过程,是乡村转变为城市的过程;社会学认为,城镇化是人类文化教育、价值观念、生活方式、宗教信仰等社会演化过程,是各个方面更加社会化的过程,是个人、群体和社会之间相互依赖加强的过程,是传统性逐渐减弱、现代性逐步增强的过程;经济学认为,城镇化是

---

① 刘士林:《关于我国城镇化问题的若干思考》,《学术界》2013 年第 3 期,第 5-13 页。

人口经济活动由乡村转向城市的过程,是农业资源非农业化的过程,是使经济从农业向非农业转变、生产要素向城市集中的过程;地理学则认为,城镇化是在一定区域范围内发生的一种空间过程,是由社会生产力的变革引起的人类生活方式、生产方式和居住方式改变的一个综合性过程。

2013年,中央城镇化工作会议第一次明确提出"城镇化是一个自然历史过程",是我国经济社会发展中必然要经历的过程。国家在随后颁布的《国家新型城镇化规划(2014—2020年)》中进一步明确:"城镇化是伴随工业化发展,非农产业在城镇集聚、农村人口向城镇集中的自然历史过程,是人类社会发展的客观趋势,是国家现代化的重要标志。"由此可见,我国政府所力推的城镇化内涵有两个核心内容:一是"非农产业在城镇集聚",二是"农村人口向城镇集中",这两个核心内容分别从产业和人的角度来论述。

本书认为,"城镇化"概念是当今中国城市化进程的术语,重点不在于发展镇,不是强调农村人口向城镇转移的"镇化"过程,作为国家战略概念的"城镇化"在内涵上包括了城镇化、城市化、都市化这三个层级体系。

### 1.1.3 城镇化的作用

城镇化本身不是经济增长要素,但能够通过影响经济增长的决定性要素(物质资本、劳动力、人力资本、经济结构等)来拉动经济增长。据研究测算,城镇化率每提高1个百分点,将拉动经济增长0.4~0.6个百分点。

城镇化从供给和需求两个方面对经济增长产生显著的带动作用。城镇化有助于创造高质量就业岗位和扩大中等收入阶层,有利于聚集创新要素、涌现创新成果和提高生产率,有利于资源节约和环境保护,有助于城乡一体化和区域协调发展。

具体来说,城镇化的作用主要体现在:

### 1.1.3.1　显著拉动投资

在城镇化进程中,城镇发展和规模扩大可直接带动固定资产投资。城镇人口的增长必然伴随着基础设施和住房需求的增长,城镇化蕴藏着巨大的投资需求。一般认为,每新增 1 个城镇人口,可直接带动 10 万元的固定资产投资。

### 1.1.3.2　急剧扩大内需

2012 年,国务院副总理李克强在《求是》杂志发表文章《在改革开放进程中深入实施扩大内需战略》,指出"扩大内需的最大潜力在于城镇化"。城镇化蕴藏着巨大的消费需求,城市人口的不断增长和居民收入水平的不断提高,将持续扩大居民消费需求。城镇化也蕴藏着新型需求,分工的不断细化和新技术的不断运用,将催生大量的生活型消费需求和生产性服务需求。

### 1.1.3.3　创造大量就业机会

城镇基础设施建设、交通运输和物流业、制造业、服务业集聚都需要大量劳动力,因此城镇化可以创造大量就业机会,也有助于创造高质量的就业岗位和扩大中等收入阶层。伴随着传统产业升级、新兴产业发展和现代服务业扩大,城镇化将创造大规模、高质量、高生产率的就业岗位,劳动者收入将持续增长,中等收入阶层将会稳步增长,逐步形成有利于稳定的社会结构。

### 1.1.3.4　优化配置产业结构

城镇化发展是一种资源逐步实现优化配置的过程,表现为社会各项资源在地理空间上的集聚,集聚效应和专业分工为产业优化升级带来强大的牵引力。另外,在城镇化过程中,人口集聚、生活方式变革、生活水平提高,能够直接推动服务业等第三产业的发展,推动产业结构的优化升级。

### 1.1.3.5 极大促进技术创新

城镇化可以集聚高素质人才,加快人力资本积累,从而促发更多的技术创新活动。城镇化还可以带来创新产品和知识技术的外溢和扩散,进一步促进当地的技术创新,形成"创新—扩散—再创新"的良性循环。更多资金、信息与人才在城市网络中聚集和流动,进一步增强创新活力,加快创新成果扩散,增强城市经济活力与竞争力。

### 1.1.3.6 改善居民生活条件

城镇化不仅是农村人口向城镇集聚的过程,而且更重要的是对他们生产生活方式的改变。城镇化可以让人们享受经济增长和社会进步的成果,为居民提供适宜的工作、教育、医疗、卫生、娱乐等生产、生活条件,享受现代城市文明。

### 1.1.3.7 有助于资源节约和环境保护

人口向城镇集中,有利于降低对国土空间尤其是生态脆弱地区的开发利用强度,有利于土地和其他自然资源的集约使用,有利于污染物集中高效处理,缓解生态环境压力。

### 1.1.3.8 有助于城乡一体化和区域协调发展

推进城镇化将创造更多非农就业机会,扩大农产品需求,提高土地规模经营效率,有效带动农村居民收入快速增长。伴随着欠发达地区农村人口的减少和城市经济规模的扩大,区域发展差距也将趋于缩小。

## 1.2　传统城镇化概述

### 1.2.1　我国城镇化发展历程

自中华人民共和国成立以来,我国城镇化发展历程可以大致分为四个阶段:起步发展、平稳发展、快速发展和新型城镇化发展阶段。前三个阶段为传统城镇化发展阶段。

#### 1.2.1.1　起步发展阶段(1949—1978 年)

从中华人民共和国成立至改革开放前这一时期,我国城镇化发展缓慢,从中华人民共和国成立初期 10.64% 的城镇化水平,经过三十年的发展,到 1978 年我国城镇化水平只提高到 17.92%,年均增加只有0.25%,如表 1-2-1 所示。而在 1950—1980 年的 30 年中,全世界城市人口的比重由 28.4% 上升到 41.3%,其中发展中国家由 16.2% 上升到30.5%。这与我国选择的重化工业化道路、城乡分离的户籍制度以及城镇化水平起点低等因素有关。中华人民共和国成立后出台的户籍制度,构成了阻挡农村人口向城市迁移最重要的制度性屏障。

以户籍制度为基础的二元社会体制,人为地设置城镇化的制度性障碍,把城乡分割对立起来,把全体人口划分为城市人口和农村人口两大人口集团,并严格控制农村人口向城市迁移、向城市人口转变。此后,又以户籍制度为基础,进一步附加就业、住房、教育、医疗、社会保障等若干"身份"性福利于城市人口集团,明显延缓了我国城镇化的发展进程。

表 1-2-1  1949—1978 年我国城镇化进程

| 年份 | 全国人口（万人） | 市镇人口（万人） | 城镇化率 | 城市总数（座） | 建制镇总数（座） |
|---|---|---|---|---|---|
| 1949 | 54 167 | 5 765 | 10.64% | 132 | 2 000 |
| 1950 | 55 196 | 6 169 | 11.18% | | |
| 1952 | | 7 163 | 12.50% | 160 | |
| 1955 | 61 465 | 8 285 | 13.48% | | |
| 1957 | | 9 949 | | 177 | |
| 1960 | 66 207 | 13 073 | 19.75% | | |
| 1965 | 72 538 | 13 046 | 17.99% | | |
| 1970 | 82 992 | 14 424 | 17.38% | | |
| 1975 | 92 420 | 16 030 | 17.34% | | |
| 1976 | 93 717 | 16 341 | 17.44% | | |
| 1977 | 94 974 | 16 669 | 17.55% | | |
| 1978 | 96 259 | 17 245 | 17.92% | 193 | |

资料来源：中国统计年鉴。

### 1.2.1.2  平稳发展阶段（1979—1999 年）

改革开放后，1979 年至 1999 年，我国城镇化经历了下乡知青返城时期、乡镇企业时期、工业园区和民工潮等阶段，城镇化水平由 17.92%提高到 34.78%，年均增加 0.79%，如表 1-2-2 所示。在这段时期，城镇化平稳发展的主要原因是：一是推行农村家庭联产承包责任制，提高了农业生产率，提高了农民参与经济活动的积极性，许多农村劳动力解放出来，需要进城寻找工作机会，在城市落脚；二是依托原有乡镇，乡镇企业大量兴起，大批农村富余劳动力由农业转向工业，促进了城乡良性互动，实现"离土不离乡、就业不离家、进厂不进城、就地城镇化"的小城镇城市化发展模式;三是随着大量非国有企业在城市的出现和发展,城市就业岗位迅速增加,城市劳动力需求大量增加,大量农民工进城就业。以上三方面促进了这个时期城镇化的平稳发展。这一时期城镇建设的重点是东部沿海大城市,如 20 世纪 80 年代深圳的崛起,20 世纪 90 年代上海浦东的发展,沿海地区还涌现出众多的中小城市和小城镇,典型代表有江苏省昆山、广东省东莞等。

表 1-2-2　1978—1999 年我国城镇化基本情况

| 年份 | 全国人口（万人） | 市镇人口（万人） | 城镇化率 | 城镇化年均增长百分点 | 城市总数（座） | 城市年均增加数（座） | 建制镇总数（座） |
|---|---|---|---|---|---|---|---|
| 1978 | 96 259 | 17 245 | 17.92% | 0.36 | 193 | 5 | 2 173 |
| 1980 | 98 705 | 19 140 | 19.39% | 0.43 | 223 | 7 | 2 874 |
| 1985 | 105 851 | 25 094 | 23.71% | 0.69 | 324 | 24 | 7 511 |
| 1990 | 114 333 | 30 191 | 26.41% | 0.20 | 467 | 17 | |
| 1995 | 121 121 | 35 174 | 29.04% | 1.41 | 640 | 18 | 15 043 |
| 1996 | 122 389 | 37 304 | 30.48% | 1.43 | 666 | 26 | 17 770 |
| 1997 | 123 626 | 39 449 | 31.91% | 1.44 | 668 | 2 | 18 000 |
| 1998 | 124 761 | 41 608 | 33.35% | 1.43 | 668 | 0 | 19 060 |
| 1999 | 125 786 | 43 748 | 34.78% | 1.44 | 667 | −1 | 19 184 |

资料来源:中国统计年鉴。

### 1.2.1.3　快速发展阶段(2000—2012 年)

2000 年 10 月,《中共中央关于制定国民经济和社会发展第十个五年计划的建议》提出:"随着农业生产力水平的提高和工业化进程的加快,我国推进城镇化条件已渐成熟,要不失时机地实施城镇化战略。"为了加快城镇化进程,2001 年 5 月,国务院批转了公安部《关于推进小城镇户籍管理制度改革的意见》,该意见指出:小城镇户籍管理制度改革的实施范围,是县级市市区、县人民政府驻地镇及其他建制镇;凡在上述范围内有合法固定的住所、稳定的职业或生活来源的人员及与其共同居住生活的直系亲属,均可根据本人意愿办理城镇常住户口;已在小城镇办理的蓝印户口、地方城镇居民户口、自理口粮户口等,符合上述条件的,统一登记为城镇常住户口。这标志着小城镇已经废除了城乡分隔制度。有些地方甚至采取了鼓励农民到小城镇居住和创业的政策。

近年来,全国除了北京、上海、广州和深圳 4 个超大城市,以及武汉、重庆、天津、成都、南京、郑州、杭州、沈阳、长沙等 9 个城区常住人口超过 500 万人的特大城市外,其他城市都已陆续全面放开落户限制。我国城市户籍制度改革情况如表 1-2-3 所示。

表 1-2-3　我国城市户籍制度改革情况

| 城区规模 | 常住人口户籍制度改革内容 |
|---|---|
| 城区常住人口 100 万以下<br>(中小城市和小城镇) | 全面取消落户限制 |
| 城区常住人口 100 万以上 300 万以下<br>(Ⅱ型大城市) | |
| 城区常住人口 300 万以上 500 万以下<br>(Ⅰ型大城市) | 全面放开落户条件,并全面取消重点群体落户限制 |
| 超特大城市<br>(城区常住人口 1 000 万以上) | 调整完善积分落户政策,大幅扩大落户规模、增加精简积分项目,确保社保缴纳年限和居住年限分数占主要比例 |

注:以上包括本数,以下不包括本数。

在此时期,我国正式提出加速城镇化发展的总体战略,提出大中小城镇和小城镇协调发展的基本思路,经历了区域性中心城镇发展时期、城镇群发展时期等阶段,城镇化水平由 34.78% 提高到 52.57%,年均增加 1.36%,2000—2012 年我国城镇化基本情况如表 1-2-4 所示。

这段时期城镇化快速发展的原因主要有:一是通过 20 多年的改革开放,我国已经初步建立了社会主义市场经济体系,市场机制越来越发挥配置资源的基础性作用;二是随着我国加入世界贸易组织,国际贸易和国际经济合作迅猛发展,国际贸易与城市化均属于资源在空间和产业维度的配置过程,二者通过工业化发生联系,国际贸易是推动我国城市化快速发展的重要因素[①];三是我国继续实施了适当的宏观调控政策,长期保持 10% 左右的经济增长速度。以上三个因素促进了这一时期城镇化的快速发展,城镇化速度进一步加快,大城市人口迅速增长。该时期城镇建设的重点是区位条件较好的建制镇、区域性中心城市以及大城市附近的新城区,如天津滨海新区、郑东新区、沈北新区等;城镇规模不断扩大,城镇之间人们的交往密度不断增加,分工协作的城市群开始形成,如长三角城市群、珠三角城市群、环渤海城市群等。

表 1-2-4 2000—2012 年我国城镇化基本情况

| 年份 | 全国人口<br>(万人) | 市镇人口<br>(万人) | 城镇化率 | 城镇化<br>年均增长<br>百分点 | 城市总数<br>(座) | 城市年均<br>增加数<br>(座) | 建制镇<br>总数(座) |
|---|---|---|---|---|---|---|---|
| 2000 | 126 743 | 45 906 | 36.22% | 1.44 | 663 | −4 | 20 312 |
| 2001 | 127 627 | 48 064 | 37.66% | 1.44 | 662 | −1 | 20 374 |
| 2002 | 128 453 | 50 212 | 39.09% | 1.43 | 660 | −2 | 20 601 |
| 2003 | 129 227 | 52 376 | 40.53% | 1.44 | 660 | 0 | 20 226 |
| 2004 | 129 988 | 54 283 | 41.76% | 1.23 | 661 | 1 | 19 883 |
| 2005 | 130 756 | 56 212 | 42.99% | 1.23 | 661 | 0 | |
| 2006 | 131 448 | 57 706 | 43.90% | 0.91 | 656 | −5 | 17 652 |
| 2007 | 132 129 | 59 379 | 44.94% | 1.04 | 655 | −1 | 16 711 |
| 2008 | 132 802 | 60 667 | 45.68% | 0.74 | 655 | 0 | |
| 2009 | 133 474 | 62 186 | 46.59% | 0.91 | | | |
| 2010 | 134 091 | 66 978 | 49.95% | 1.61 | 657 | 4 | 19 410 |
| 2011 | 134 735 | 69 079 | 51.27% | 1.32 | 657 | 0 | 19 683 |
| 2012 | 135 404 | 71 182 | 52.57% | 1.30 | 658 | 1 | |

资料来源:中国统计年鉴。

---

① 王家庭:《国际贸易对中国城市化贡献的理论与实证研究》,《云南财贸学院学报》(社会科学版)2005 年第 4 期,第 23-26 页。

### 1.2.1.4 新型城镇化发展阶段(2013年至今)

我国政府对新型城镇化的认识是随着改革开放的发展历程而不断深入的,新型城镇化的发展既表现为人口城市化率的增长,又表现为区域"城市性"程度的提升。我国已进入全面建成小康社会的决定性阶段,正处于经济转型升级、加快推进社会主义现代化的重要时期,同时也处于城镇化深入发展的关键时期。

## 1.2.2 我国传统城镇化发展中的主要问题

城镇化是一个区域发展问题,而不是单纯的城市问题,单纯看一个城市建成区内的城镇化水平没有任何实际意义,更为重要的是考察包含城市及其腹地在内的区域单元的城镇化水平和健康程度。

中华人民共和国成立后,我国的城镇空间布局是以计划、行政的方式推进的。即从20世纪50年代开始,基于行政区域划分和行政等级架构,我国将城市分为直辖市、副省级、地级市、县级市、建制镇等五个等级,并严格按照城市的行政等级进行职能定位、人口规划、产业布局和设施建设,城市间交通不发达,区域内城镇空间形态呈"点"状布局。这是我国城市化起步阶段城镇空间的普遍形态,也是行政计划手段布局城镇空间的一种必然结果。

改革开放后,我国总体上实现了城镇化的快速发展。随着我国城镇化的外部条件和内在动力发生根本变化,持续高速发展的城镇化遗留了众多历史性问题与亟待解决的突出矛盾。主要体现在:

其一,城镇化滞后于工业化。2012年我国第二、三产业增加值占GDP比重达到90%左右,第一产业占10%左右,按照理想的城镇化标准,城乡人口比例,非农和农业人口就业比例应该和这个比例大致相当,而我国城镇化率为53%,农业人口和农业就业人口明显高于这个比例。

其二,人口城镇化滞后于土地城镇化。很长一段时期,我国城镇化发展存在着重"物的城镇化"、轻"人的城镇化"的倾向。建设用地粗放低效,一些大城市"摊大饼"式扩张,过分追求宽马路、大广场,新城新区、开发区、工业园区占地过大,建成区人口密度偏低,耕地减少过快,城(空间)与业(产业)不匹配、职(工作地)与住(居住地)不平衡。这一滞后的后果就是土地城镇化快于人口城镇化,城镇用地增长快于人口容纳增长。2000—2011 年,城镇建成区面积增长 76.4%,远高于城镇人口 50.5%的增长速度;农村人口减少 1.33 亿人,但农村居民点用地增加 3 025 万亩(约合 20 166.67 平方千米)。

其三,城镇空间分布和规模结构不合理,与资源环境承载能力不匹配。东部一些城镇密集地区资源环境约束趋紧,中西部资源环境承载能力较强地区的城镇化潜力有待挖掘;城市群布局不尽合理,内部分工协作不够、集群效率不高;部分特大城市主城区人口压力偏大,与综合承载能力之间的矛盾加剧;中小城市集聚产业和人口不足,潜力没有得到充分发挥;小城镇数量多、规模小、服务能力弱,经济社会和生态环境成本大。

其四,城市管理服务水平和城镇化水平不匹配,"城市病"日益突出。一些城市空间无序开发、人口过度集聚,重经济发展、轻环境保护,重城市建设、轻管理服务,交通拥堵问题严重,公共安全事件频发,城市污水和垃圾处理能力不足,大气、水、土壤等环境污染加剧,城市管理运行效率不高,公共服务供给能力不足,城中村和城乡接合部等外来人口集聚区人居环境较差。

其五,对农业经济的忽视导致解决"三农"问题始终动力不足,农民生活质量无法提高。农民工为我国的城市建设和经济社会发展做出了重大贡献,但他们得不到城市居民的户籍,不能享受市民权益,社会的不公正、生存环境的脆弱性和不稳定性,使他们面临很大的生存危机。而且,这些不平等差距已呈代际"遗传"趋势转移给"新生代"农民工,"新生代"农民工的生存环境和社会表现尤其值得关注。

# 1.3　新型城镇化：如何建设下一波城镇化

1978 年,我国常住人口城镇化率为 17.92%,2018 年年末则达到 59.58%,较 1978 年提高了 41.66 个百分点。到 2030 年,根据人均收入的增长趋势,我国常住人口城镇化率预计将达到 70% 左右,大约有 10 亿人生活在城市里。城市化发展到今天,不仅仅是农村人口向城市转移这一数量层面的问题,更是如何实现城市全面发展的质变的问题。

如何搞好下一波城镇化建设是我国成功实现发展目标升级的重要决定因素。新型城镇化必须以可持续发展为重要内涵,走结构优化、绿色低碳、安全健康、集约高效之路。

## 1.3.1　新型城镇化的战略体系

实际上,由于各行业、领域的针对性和研究的侧重点不同,"新型城镇化"至今尚无统一和明确的定义。

本书认为,新型城镇化是以民生、可持续发展和质量为内涵,以追求平等、幸福、转型、绿色、健康和集约为核心目标,以实现区域统筹与协调一体、产业升级与低碳转型、生态文明和集约高效、制度改革和体制创新为重点内容的崭新的城镇化过程。

新型城镇化是新时期我国全面建成小康社会的核心战略,它描述和展现的是我国未来经济健康可持续发展、社会和谐稳定、生态绿色优美、城乡建设朝气蓬勃的美好愿景。为了实现新型城镇化愿景,必须明确新型城镇化的内涵框架、目标体系和核心内容以及各地实施新型城镇化战略的路径和可能遇到的误区等若干重大问题。

概言之,新型城镇化是在"城镇化"概念的基础上的进一步展开,其在人口集聚、非农产业扩大、城镇空间扩张和城镇观念意识转化等方面与传统的城镇化概念并无显著差异,但在实现这一过程的内涵、目标、内容与方式等方面有所区别。

### 1.3.1.1　新型城镇化战略的提出及其基本特征

2012 年 11 月,党的十八大报告明确提出,坚持走中国特色新型工业化、信息化、城镇化、农业现代化道路,推动信息化和工业化深度融合、工业化和城镇化良性互动、城镇化和农业现代化相互协调,促进工业化、信息化、城镇化、农业现代化同步发展。必须以改善需求结构、优化产业结构、促进区域协调发展、推进城镇化为重点,着力解决制约经济持续健康发展的重大结构性问题。科学规划城市群规模和布局,增强中小城市和小城镇产业发展、公共服务、吸纳就业、人口集聚功能。加快改革户籍制度,有序推进农业转移人口市民化,努力实现城镇基本公共服务常住人口全覆盖。

2012 年 12 月,中央经济工作会议进一步提出"走集约、智能、绿色、低碳的新型城镇化道路",要积极稳妥推进城镇化,着力提高城镇化质量。

至此,我国正式进入新型城镇化发展阶段。

2013 年 11 月,党的十八届三中全会第一次在党和政府文件中正式提出"走中国特色新型城镇化道路",明确指出"坚持走中国特色新型城镇化道路,推进以人为核心的城镇化,推动大中小城市和小城镇协调发展、产业和城镇融合发展,促进城镇化和新农村建设协调推进"。

2013 年 12 月,中央城镇化工作会议明确指出,"走中国特色、科学发展的新型城镇化道路,核心是以人为本,关键是提升质量,与工业化、信息化、农业现代化同步推进"。

2014 年 3 月,中共中央、国务院印发《国家新型城镇化规划(2014—2020 年)》。该规划进一步确定了"走以人为本、四化同步、优化布局、生态文明、文化传承的中国特色新型城镇化道路"的国家发展战略。该规划明确提出了中国特色新型城镇化的内涵:"全面提高城镇化质量,加快转变城镇化发展方式,以人的城镇化为核心,有序推进农业转移人口市民化;以城市群为主体形态,推动大中小城市和小城镇协调发展;以综合承载能力为支撑,提升城市可持续发展水平;以体制机制创新为保障,通过改革释放城镇化发展潜力,走以人为本、四化同步、优化布局、生态文明、文化传承的中国特色新型城镇化道路,促进经济转型升级和社会和谐进步。"2012 年年底的中央城镇化工作会议也明确指出:"走中国特色、科学发展的新型城镇化道路,核心是以人为本,关键是提升质量,与工业化、信息化、农业现代化同步推进。"

2014 年发布的《国家新型城镇化规划(2014—2020 年)》标志着我国城市化进入由"数量增长型"向"质量提升型"的转型期。

概括而言,我国新型城镇化具有以下本质特征:

特征一:以人为本。新型城镇化必须以人为本,推进以人为核心的城镇化,以增进城乡居民福祉为出发点和落脚点,高度重视民生和社会问题,合理引导人口流动,有序推进农业转移人口市民化,促进城乡居民平等和成果共享,稳步推进城镇基本公共服务常住人口全覆盖,不断提高人口素质,促进人的全面发展和社会公平正义,使全体居民共享现代化建设成果。以人为本,是城镇化科学发展的根本保证。

特征二:四化同步。新型城镇化要有产业支撑,要促进工业化和城镇化良性互动、信息化和城镇化深度融合、城镇化和农业现代化相互协调。

特征三:城乡统筹。新型城镇化要促进城镇发展与产业支撑、就业转移和人口集聚相统一,促进城乡要素平等交换和公共资源均衡配置,形成以工促农、以城带乡、工农互惠、城乡一体的新型工农、城乡关系。

特征四:优化布局。新型城镇化要根据资源环境承载能力构建科学合理的宏观布局体系,要以综合交通网络和信息网络为依托,科学规划建设城市群,严格控制城镇建设用地规模,严格划定永久基本农田,合理控制城镇开发边界,优化城市内部空间结构,促进城市紧凑发展,提高国土空间利用效率。

特征五:生态文明。新型城镇化要全面体现生态文明理念,着力推进绿色发展、循环发展、低碳发展,节约集约利用土地、水、能源等资源,强化环境保护和生态修复,减少对自然的干扰和损害,推动形成绿色低碳的生产生活方式和城市建设运营模式。

特征六：文化传承。新型城镇化要根据不同地区的自然历史文化禀赋，体现区域差异性，提倡形态多样性，防止千城一面，发展有历史记忆、文化脉络、地域风貌、民族特点的美丽城镇，形成符合实际、各具特色的城镇化发展模式。

特征七：体制创新。新型城镇化要正确处理政府和市场的关系，更加尊重市场规律，坚持使市场在资源配置中起决定性作用，更好地发挥政府作用，切实履行政府制定规划政策、提供公共服务和营造制度环境的重要职责，使城镇化成为市场主导、自然发展的过程，成为政府引导、科学发展的过程。中央政府统筹总体规划、战略布局和制度安排，加强分类指导；地方政府因地制宜、循序渐进抓好贯彻落实；尊重基层首创精神，鼓励探索创新和试点先行，凝聚各方共识，实现重点突破，总结推广经验，积极稳妥扎实有序推进新型城镇化。

我国新型城镇化与传统城镇化相比，不同之处主要体现在：

区别一：重点不同。我国新型城镇化的目标是经济、社会、环境、文化全面转变的城乡一体化的发展，强调以人为本。而我国传统城镇化强调的是经济的发展，强调的是城市的发展，土地的城镇化。

区别二：动力不同。我国新型城镇化强调城镇化、工业化、信息化、农业现代化的四化互动，工业化、信息化、农业现代化与城镇化相互作用共同推动城镇化向前发展。我国传统城镇化强调的是外向型的工业化的带动，忽视了城镇化与工业化、信息化、农业现代化之间的互动关系。

区别三：手段不同。我国新型城镇化的手段强调的是市场主导，政府引导。而传统城镇化是政府主导的城镇化，传统城镇化的很多弊端，都是由政府的过度干预所致。新型城镇化强调要尊重市场规律，使市场在资源配置中起决定性作用，城镇化成为市场主导、自然发展的过程，成为政府引导、科学发展的过程。

### 1.3.1.2 我国新型城镇化战略体系

（1）五大战略目标

到 2020 年，我国新型城镇化要实现：

目标一：城镇化水平和质量稳步提升。城镇化健康有序发展，常住人口城镇化率达到 60% 左右，户籍人口城镇化率达到 45% 左右，户籍人口城镇化率与常住人口城镇化率差距缩小 2 个百分点左右，努力实现 1 亿左右农业转移人口和其他常住人口在城镇落户。

目标二：城镇化格局更加优化。"两横三纵"为主体的城镇化战略格局基本形成，城市群集聚经济、人口能力明显增强，东部地区城市群一体化水平和国际竞争力明显提高，中西部地区城市群成为推动区域协调发展的新的重要增长极。城市规模结构更加完善，中心城市辐射带动作用更加突出，中小城市数量增加，小城镇服务功能增强。

目标三：城市发展模式科学合理。密度较高、功能混用和公交导向的集约紧凑型开发模式成为主导，人均城市建设用地严格控制在 100 平方米以内，建成区人口密度逐步提高。绿色生产、绿色消费成为城市经济生活的主流，节能节水产品、再生利用产品和绿色建筑比例大幅提高。城市地下管网覆盖率明显提高。

目标四：城市生活和谐宜人。稳步推进义务教育、就业服务、基本养老、基本医疗卫生、保障性住房等城镇基本公共服务覆盖全部常住人口，基础设施和公共服务设施更加完善，消费环境更加便利，生态环境明显改善，空气质量逐步好转，饮用水安全得到保障。自然景观和文化特色得到有效保护，城市发展个性化，城市管理人性化、智能化。

目标五：城镇化体制机制不断完善。户籍管理、土地管理、社会保障、财税金融、行政管理、生态环境等制度改革取得重大进展，阻碍城镇化健康发展的体制机制障碍基本消除。

《国家新型城镇化规划（2014—2020 年）》明确了我国新型城镇化的主要指标，包括城镇化水平、基本公共服务、基础设施、资源环境等四大类 18 项内容，对我国新型城镇化到 2020 年应该达到的水平明确了量化指标,如表 1-3-1 所示。

表 1-3-1　我国新型城镇化主要指标

| 指标 | 2012 年 | 2020 年 |
|---|---|---|
| 城镇化水平 | | |
| 常住人口城镇化率 | 52.6% | 60%左右 |
| 户籍人口城镇化率 | 35.3% | 45%左右 |
| 基本公共服务 | | |
| 农民工随迁子女接受义务教育比例 | | ≥99% |
| 城镇失业人员、农民工、新成长劳动力免费接受基本职业技能培训覆盖率 | | ≥95% |
| 城镇常住人口基本养老保险覆盖率 | 66.9% | ≥90% |
| 城镇常住人口基本医疗保险覆盖率 | 95% | 98% |
| 城镇常住人口保障性住房覆盖率 | 12.5% | ≥23% |
| 基础设施 | | |
| 百万以上人口城市公共交通占机动化出行比例 | 45%* | 60% |
| 城镇公共供水普及率 | 81.7% | 90% |
| 城市污水处理率 | 87.3% | 95% |
| 城市生活垃圾无害化处理率 | 84.8% | 95% |
| 城市家庭宽带接入能力(Mbps) | 4 | ≥50 |
| 城市社区综合服务设施覆盖率 | 72.5% | 100% |
| 资源环境 | | |
| 人均城市建设用地(平方米) | | ≤100 |
| 城镇可再生能源消费比重 | 8.7% | 13% |
| 城镇绿色建筑占新建建筑比重 | 2% | 50% |
| 城市建成区绿地率 | 35.7% | 38.9% |
| 地级以上城市空气质量达到国家标准的比例 | 40.9% | 60% |

注:①带 * 为 2011 年数据。

　　②城镇常住人口基本养老保险覆盖率指标中,常住人口不含 16 周岁以下
　　人员和在校学生。

③城镇保障性住房包括公租房(含廉租房)、政策性商品住房和棚户区改造安置住房等。

④人均城市建设用地:《城市用地分类与规划建设用地标准》规定,人均城市建设用地标准为 65.0～115.0 平方米,新建城市为 85.1～105.0 平方米。

⑤城市空气质量国家标准:在 1996 年标准基础上,增设了 PM2.5 浓度限值和臭氧 8 小时平均浓度限值,调整了 PM10、二氧化氮、铅等浓度限值。

资料来源:《国家新型城镇化规划(2014—2020 年)》。

（2）四大战略任务

新型城镇化需要完成的战略任务包括:有序推进农业转移人口市民化、优化城镇化布局和形态、提高城市可持续发展能力、推动城乡发展一体化。

战略任务一:有序推进农业转移人口市民化。《国家新型城镇化规划(2014—2020 年)》阐明要按照尊重意愿、自主选择,因地制宜、分步推进,存量优先、带动增量的原则,以农业转移人口为重点,兼顾高校和职业技术院校毕业生、城镇间异地就业人员和城区城郊农业人口,统筹推进户籍制度改革和基本公共服务均等化。

该规划明确要健全农业转移人口落户制度,实施差别化落户政策,逐步使符合条件的农业转移人口落户城镇,不仅要放开小城镇落户限制,也要放宽大中城市落户条件;要完善公共就业创业服务体系,扩大社会保障覆盖面,改善基本医疗卫生条件,拓宽住房保障渠道,保障随迁子女平等享有受教育权利,推进农业转移人口享有城镇基本公共服务;要建立成本分担机制,合理确定各级政府职责,完善农业转移人口社会参与机制,建立健全农业转移人口市民化推进机制。

战略任务二:优化城镇化布局和形态。该规划阐明要根据土地、水资源、大气环流特征和生态环境承载能力,优化城镇化空间布局和城镇规模结构,在《全国主体功能区规划》确定的城镇化地区,按照统筹规划、合理布局、分工协作、以大带小的原则,发展集聚效率高、辐射作用大、城镇体系优、功能互补强的城市群,使之成为支撑全国经济增长、促进区域协调发展、参与国际竞争合作的重要平台。构建以陆桥通道、沿长江通道为两条横轴,以沿海、京哈京广、包昆通道为三条纵轴,以轴线上城市群和节点城市为依托、其他城镇化地区为重要组成部分,大中小城市和小城镇协调发展的"两横三纵"城镇化战略格局。

该规划明确要优化提升东部地区城市群,培育发展中西部地区城市群,建立城市群发展协调机制,促进各类城市协调发展。推进中国特色新型城镇化,必须要构建科学合理的城镇化规模格局,优化城镇化的空间形态。一方面,要制定科学合理的城市规模等级分类标准,巩固并发挥城市群的主体形态作用,优化发展大城市和特大城市,加快发展中小城市,继续有重点地支持小城镇发展,推动形成以城市群为主体形态,大中小城市和小城镇合理分工、协调发展、等级有序的城镇化规模格局,有效遏制城镇增长的两极分化。另一方面,要加快推进中西部地区城镇化进程,加强中西部地区产业体系建设,引导有市场、有效益的劳动密集型产业优先向中西部转移,吸纳东部返乡和就近转移的农民工,加快产业集群发展和人口集聚,培育发展若干新的城市群,在优化全国城镇化战略格局中发挥更重要的作用。

该规划还强调在新型城镇化的过程中,要强化综合交通运输网络的支撑作用,要完善城市群之间的综合交通运输网络,构建城市群内部综合交通运输网络,建设城市综合交通枢纽,改善中小城市和小城镇交通条件。

战略任务三:提高城市可持续发展能力。该规划阐明要加快转变城市发展方式,优化城市空间结构,增强城市经济、基础设施、公共服务和资源环境对人口的承载能力,有效预防和治理"城市病",建设和谐宜居、富有特色、充满活力的现代城市。

该规划强调要优化城市产业结构,增强城市创新能力,营造良好就业创业环境,提高城市可持续发展能力;要改造提升中心城区功能,严格规范新区城区建设,改善城乡接合部环境,优化城市空间结构和管理格局;要优先发展城市公共交通,加强市政公用设施建设,完善基本公共服务体系,提升城市基本公共服务水平;要创新规划理念,完善规划

27

程序,强化规划管控,严格建筑质量管理,切实提高城市规划管理水平;要加快绿色城市建设,推进智慧城市建设,注重人文城市建设,推动新型城市建设;要完善城市治理结构,强化社区自治和服务功能,创新社会治安综合治理,健全防灾减灾救灾体制,加强和创新城市社会治理。

战略任务四:推动城乡发展一体化。该规划阐明要坚持工业反哺农业、城市支持农村和多予少取放活方针,加大统筹城乡发展力度,增强农村发展活力,逐步缩小城乡差距,促进城镇化和新农村建设协调推进。

该规划强调要推进城乡统一要素市场建设,推进城乡规划、基础设施和公共服务一体化,完善城乡发展一体化体制机制;要保障国家粮食安全和重要农产品有效供给,提升现代农业发展水平,完善农产品流通体系,加快农业现代化进程;要提升乡镇村庄规划管理水平,加强农村基础设施和服务网络建设,加快农村社会事业发展,建设社会主义新农村。

(3)实现路径

新型城镇化的发展路径,是促进我国新型城镇化与工业化、信息化、农业现代化的共同发展。早在2013年,习近平就指出,"我国现代化同西方发达国家有很大不同。西方发达国家是一个'串联式'的发展过程,工业化、城镇化、农业现代化、信息化顺序发展,发展到目前水平用了二百多年时间。我们要后来居上,把'失去的二百年'找回来,决定了我国发展必然是一个'并联式'的过程,工业化、信息化、城镇化、农业现代化是叠加发展的。"①

我国新型城镇化强调的是,城镇化要与工业化、信息化、农业现代化同步推进。目前,我国城镇化正处于水平继续提高、质量优化提升的阶段,促进工业化、信息化、农业现代化与城镇化同步发展是促进紧急结构战略调整的迫切要求。

城镇化水平的提高,既可以为工业化、信息化、农业现代化创造有利条件,又可以释放出巨大的国内消费需求。城镇化的顺利推进要依

① 习近平:《在十八届中央政治局第九次集体学习时的讲话》(2013年9月30日)。

靠工业化、信息化和农业现代化的支持。工业化加快了非农产业发展，有利于吸纳就业，提高居民收入水平，有利于建立工业反哺农业、城市支持农村的城乡协调发展机制。在推进工业化、信息化和城镇化的同时，不能否定农业现代化的作用，农业现代化为工业化和城镇化的互动发展提供有力支撑。农业现代化不仅为工业化和城镇化提供粮食、必需的农产品，也能够释放劳动力，为产业发展提供要素支持和广阔市场。信息化是"四化"同步发展的关键，工业化和信息化深度融合是产业转型升级的方向，信息化通过数字制造、电子商务、电子政务、智慧城市等方面改变了工业化、城镇化和农业现代化协调发展的内涵和发展模式。要着力构建现代产业体系和现代社会结构，从经济、社会、环境等多方面实现"四化"同步发展和良性互动。

## 1.3.2　新型城镇化主体形态：城市群

《国家新型城镇化规划（2014—2020 年）》明确，"以城市群为主体形态，推动大中小城市和小城镇协调发展"，城市群作为我国城镇化的主要空间载体，自此成为区域融合发展新格局的塑造力量。

我国学界最早明确并使用"城市群"这一概念的是宋家泰（1980）。他认为：城市-区域是城市发展及与之有紧密联系的周围地区之间的一种特定的地域结构体系。按照我国城市-区域的客观实际，主要有两种类型：（1）相应于行政区域的城市经济区域；（2）非行政区的城市经济区域，其中多中心的城市区域称为"城市群"，即在一个特定地区内，除其中一个作为行政-经济中心外，还存在具有同等经济实力或水平的几个非行政性的经济中心。

城市群是相邻城市的集群，空间结构的显著特征是"群"，而"群"既是一种形态，也是一种功能。概言之，城市群是相互依存、相互作用的城市集合，是在一定的区域范围内，具有密切关联的不同规模、不同职能的城市所构成的城市系统。

城市群是城市发展到成熟阶段的空间组织形式，是由地域上集中分布的若干都市圈、大城市和中小城市集聚而成的庞大的、多核心、多层次的城市集团,是生产要素、空间资源和流通市场一体化优化的空间区域。城市群是城市之间的发展由竞争转为竞合的必然产物,是高度一体化的城市群体,是世界经济重心转移的重要承载地。①

在城镇化进程与经济全球化进程双重加快的时代背景下,城市群的快速扩张已成为带有普遍意义的发展趋势,城市群正在作为国家参与全球竞争与国际分工的全新地域单元,深刻影响着国家的国际竞争力和21世纪全球经济的新格局。截至2019年我国拥有14亿人口,且大多居住在东中部生态环境较好的地区,这些地区的城市数量比较多,规模也比较大,随着城市化水平的提高,无论是城市数量还是城市规模都将进一步扩大。高速公路、高速铁路的修建极大地改善了城市之间的交通状况,城市间的产业联系与经济合作不断加强,城镇化的进程将加快发展。

城市群是中国未来经济发展格局中最具活力和潜力的核心地区,是我国主体功能区战略中的重点和优化开发区,也是未来我国城市发展的重要方向。为此,《国家新型城镇化规划(2014—2020年)》为我国的城市群发展做出了详细的顶层设计。

20世纪90年代,中国城市群发展的显著特征是长三角、珠三角和京津冀三大城市群不仅发展速度快,而且经济规模占全国的比重越来越高,成为中国经济发展的引擎。并且,在未来较长时期内,长三角的腹地将继续扩大,浙江大部、江苏大部、安徽一部分地区都将进入长三角城市群的范围。珠三角地区将和香港、澳门实现区域经济一体化,其优势更大,辐射力更强。② 京津冀中的各大城市特色和优势十分明显,互补作用强,一旦突破行政的藩篱,京津冀世界级城市群的潜力将会充分释放。

随着我国经济进入新常态,国家经济结构产生巨大变化,因此,除京津冀、长三角、珠三角三大世界级城市群之外,还将涌现出新的城市

① 方创琳:《如何定义和界定城市群》,《区域经济评论》2017年第5期,第5—6页。
② 2019年2月,中共中央、国务院印发《粤港澳大湾区发展规划纲要》,粤港澳大湾区由香港、澳门两个特别行政区和广东省广州、深圳、珠海、佛山、惠州、东莞、中山、江门、肇庆(珠三角)九个地市组成,建设充满活力的世界级城市群。

群,如山东半岛城市群、辽中南城市群、中原城市群、长江中游城市群、海峡西岸城市群、川渝城市群和关中城市群等。

2019 年 2 月,国家发展改革委发布了《关于培育发展现代化都市圈的指导意见》(发改规划〔2019〕328 号),明确指出"城市群是新型城镇化主体形态,是支撑全国经济增长、促进区域协调发展、参与国际竞争合作的重要平台。都市圈是城市群内部以超大特大城市或辐射带动功能强的大城市为中心、以 1 小时通勤圈为基本范围的城镇化空间形态"。解决城市问题的希望在于区域协同,该指导意见提到的大战略方向就是要促进中心城市与周边城市,乃至城镇与乡村同城化的发展方向,培育发展现代化都市圈,补全了我国不同尺度空间发展战略的选择。

# 第 2 章
# 城市与交通的相互作用关系

在城市群的发展过程中,城市交通与城市空间演化始终交织在一起,成为城市发展的重要内容。城市与交通的关系,实际上是城市交通与城市土地利用的关系问题。城市与交通的相互作用关系,本质上是土地利用与交通发展相互作用理论,主要涉及三方面内容:其一,土地利用与交通发展的相互作用机制;其二,土地利用与交通发展的决定因素;其三,土地利用模式与交通方式选择的路径依赖性质。

## 2.1 城市与交通发展的相互作用机制

### 2.1.1 交通方式对城市空间形态的决定和强化作用

城市活动的类别、强度及其在空间地域上的相互关系,共同形成了城市的空间结构和形态。美国城市历史学家刘易斯·芒福德认为,所有城市空间的发展变化都可以由四种因子的互动来加以解释,其中两种不变的因子类同于埃比尼泽·霍华德所提出的城、乡两个磁极,另外两个可变的因子是生产技术和交通或者通信技术。在城、乡这两个因子之间,人们长久地寻求"资源的增加"与"环境的改善"这样两全其美的境地,生产技术的革新使人们不必全然依赖于直接由土地获取自然资源来维持社会的需求,交通与通信技术的改进在 19 世纪就已经使人们有可能向城市集中或者向郊区扩张。

英国城市学家肯尼斯·巴顿指出:"运输成本的改变会影响不同活动占用的土地数量。"[1]他举例分析说,引入票价极低而质量提高的公共交通,很可能会使低收入家庭愿意居住在离中心商业区较远的地方,因而土地使用的中心圈,既可能扩大,也可能向外扩张。

交通方式的进步改变了位移时间与位移距离的关系,促使人们对位移的含义重新进行思考,实际空间距离上的邻近不再是社会相互作用及相互影响的唯一必要条件,取而代之的是"空间/时间"([法]让-弗朗索瓦·杜雷,2004)。城市交通方式的进步与发展突破了传统城市既定的空间界限,使城市的功能运转进入一个城乡融合、空间尺度可变的动态过程,城市成为一个由高城市机动性支撑的、在"空间—时间"向度上运行的地域系统(卓健,2005)。人们在没有增加出行时间的前提下增加了出行距离,这对城市的发展起着决定性的作用。

可达性的提高能够带来节约时间的经济价值,因此,人们倾向于在具有可达性优势的区域进行生活和生产活动。交通方式的进步会影响特定区域的可达性,可达性的变化将导致土地利用功能、强度的变化,从而使土地利用在空间上重新分布、调整,城市空间形态的发展变化因此受到约束与影响。较高可达性的区域在城市中是稀缺的,因而这些区位的土地不仅地价高而且有较大的升值空间,吸引人们在这些区域进行开发,交通方式的变革和可达性的提高引导了城市空间的演化。

---

① 肯尼斯·巴顿:《运输经济学》,北京:商务印书馆,2001 年,第 49 页。

## 2.1.2 交通方式影响土地利用强度

城市交通方式在运量、运输速度、道路占用面积、适用范围以及有无站点与枢纽设施等方面的差异型特性,形成不同密度和强度的土地利用。具有交通站点并且运量大的交通方式,所形成的城市空间引力就强,在其线路的站点越容易形成高密度和高强度的土地利用。

在步行和马车时代,由于交通方式落后,可达性低,所有的城市活动密集成团,彼此接近,城市以人口的高密度和土地的混合利用为特征,城市规模较小,呈紧凑的同心圆方式演变发展。当城市以常规公共交通为主时,线路站点的可达性与外围地区差别很大,人们的高密度经济活动集中于站点周围,城市空间形态呈放射形延伸。当城市以大运量公共交通为主时,其站点与枢纽设施周边的土地可达性很高,交通服务的波及范围大于常规公共交通,人们的经济活动沿交通线路更加集聚,城市空间形态可以形成线形或带形。当城市以小汽车交通为主时,对交通站点与枢纽设施没有要求,人们开始摆脱在居住、出行等方面对公共交通的依赖,主干路、次干路与支路等城市道路沿线土地有较高的可达性,人们的经济活动围绕着纵横交错的城市道路分散开来,城市空间形态沿水平方向蔓延发展。

## 2.1.3 城市空间与交通的正反馈循环关系

作为人类社会重要的经济活动空间,城市空间结构的演变与扩展是城市用地与城市交通一体化演变的过程。

"天下商埠之兴衰,视水陆舟车为转移",人们的生产与生活活动在城镇空间上的布局以交通为基础和条件。时至今日,人们意识到,交通已由城市空间开发的配套设施转变为通过影响能源、土地和环境等政策,成为国家和地方政府调控城市发展模式的重要手段。

人们的经济活动总是在特定的地理空间中进行,当工业或商业活动在某一地理区域增加时,势必导致该区域人口密度的增加,人们居住活动和出行需求的增加,这些经济活动的增加改变了土地的利用模式,必然增加该区域土地的需求并提高土地的区位价值;同时经济活动在某一地理空间的集中又会导致运输需求的增加,这会促进当地对交通设施的投资和交通运输业的发展,表现为需求引致的交通运输业的发展。此外,具有良好的交通基础设施又是更多的经济活动在该区域发生或向该区域转移的重要条件之一。"土地利用和交通规划的关系非常类似于鸡和蛋的关系。一方面,土地利用带来了交通需求,人口或商业增长带来交通流量并造成堵塞从而产生了解决这种问题的政治力量……另一方面,修路改变了地价,进而改变了被利用土地的强度。"[①]具备良好交通条件的区域对工业和商业活动更具吸引力,导致经济活动向该区位进一步集中,从而使人们的经济活动空间发生改变,这反过来会产生更多的运输需求,并进一步推动交通运输的发展。因此,在交通基础设施、土地的区位价值和人们的土地利用之间存在着相互作用的机制,形成一种正反馈的循环(赵坚、陈和,2006)。

这种作用机制是通过交通设施较强的生产外部经济性来体现的(王春才、赵坚,2006)。交通设施的外部经济性主要表现在能提高土地利用的可达性,从而产生时间节约的经济价值。土地利用可达性的提高使交通设施的建设运营带来其周边区域内土地、不动产等资产价值的增值,对城市土地利用产生导向作用。这种影响是一种不中断的因果循环,所以,交通具有引导城市空间形态发展、塑造城市空间布局的功能。

城市交通的显著外部经济性是一些大城市能够进行"轨道加土地"联合开发,以大运量轨道交通引导城市空间发展的经济原因。香港是世界上实施"轨道加土地"联合开发,成功实现"TOD"的城市。以地铁站为中心、沿线路建设新社区是地铁公司乃至香港特别行政区政府的目标。地铁公司沿地铁线的土地开发带动附近地区的发展,有时还会使一些日趋萧条的地区重新焕发生机,这反过来也使公司在这一地段的房地产升值。最突出的表现就是与其他不毗邻地铁站的类似房地产

---

① 约翰·M·利维:《现代城市规划》,北京:中国人民大学出版社,2003 年,第 206-207 页。

相比,地铁站附近的房地产价格要高出 10% ~ 15%(Phil Gaffney, 1999)。

不仅交通设施建设会对土地利用产生外部经济性,土地利用对交通也会产生外部经济性,例如土地在合理强度内的开发可以为交通设施提供客流。同时,交通对交通、土地对土地都会产生一定的外部经济性。轨道交通与其他交通方式合理方便的接驳可以为所有的交通运输企业带来利益;居民区与商业区的合理布局能够给商业企业带来大量顾客并方便居民购物。在所有这些外部经济性中,城市交通与土地利用的相互影响是问题的中心。

土地利用模式变化和交通运输之间相互作用的正反馈关系是在一个连续的时间过程中进行的,人们看到的城市集聚与分散、交通拥堵、环境破坏等,其实是这一过程进行了十几年甚至几十年的结果。人们注意的往往只是这一过程中的一个时间断面所出现的问题,而忽略了持续进行的相互作用过程本身。同时在这种连续进行的因果循环过程中很难判断土地利用模式的变化是受交通运输的影响,还是交通运输受到土地利用模式变动的影响。实际上,只有在该循环过程之外才能理解这种正反馈的循环过程。

城镇化发展必然相应引发交通用地需求的增加。以机场建设为例,除了那些填海造地的机场外,绝大多数机场的选址地是当地开发条件较好的地块,就机场自身而言,建设机场的耕地占用规模比其他陆路交通方式要小很多,但建设机场必将配套高等级公路、轨道交通等地面交通基础设施,机场周边大规模土地用地性质改变,因机场而产生的新增建设用地规模总量不可小觑。一个地区甚至一个国家的主要交通方式越来越彰显不容忽视的社会发展战略意义。

土地利用与交通发展之间相互作用的自我强化过程,要通过技术创新和制度安排的变迁来说明,技术创新和一定的制度安排与导向是上述因果循环过程能够进行的推动力量和制度约束。

## 2.2　土地利用与交通发展的决定因素

### 2.2.1　技术创新

技术创新是土地利用与交通发展的决定因素之一。在现代矿物能源没有成为人类主要的动力来源之前,人们首先发明了利用水力作为纺织工业动力的方法,19 世纪初的纺纱机要用水力推动,这种技术上的创新本身就决定了大型纺织工厂要建立在河流的落差能够推动水车的地方。当时英国和美国相当多的纺织厂是建立在河边的。改变纺织业区位选择的是瓦特的一项重大技术创新。瓦特发明的复式蒸汽机使得蒸汽力可以替代水力,需要动力的工厂才可能建在城市附近或可以比较经济地获得大量煤炭和水的地方,因此蒸汽机曾被称为工业城市之母。如果没有蒸汽机和以后的电力技术上的一系列创新,工业的布局将出现完全不同的结果。技术创新决定了在什么地方能够进行更有效的经济活动,因而主导着人类土地利用活动的演化。

技术创新同样深刻改变了交通运输的发展模式。最早的铁路运输是以马匹为动力的,这种轨道交通的发展基于以下知识:在平地上一匹马能够拉一千磅的货物,而在光滑、平坦的铁制轨道上能拉一万五千磅的货物。当时这种铁路运输主要用于矿山或连接当时的商业中心,营运里程都很短,主要用来补充水运的不足。蒸汽机在开始并不能成为铁路的牵引动力,因为瓦特的低压蒸汽机动力不足,不适于铁路运输。后来进行的一系列技术创新,如高压蒸汽机的发明、铁路修建技术的改进等,才使铁路运输在 19 世纪 50 年代成为有影响力的交通运输方式。19 世纪末在铁路运输取得巨大发展的同时,汽车的发明使公路运输成为铁路潜在的更有竞争力的运输方式。一个多世纪以来,人类在汽车设计和制造技术上的创新一直没有停止过,这些创新使汽车工业成为现代制造业中最重要的产业部门,公路运输成为最主要的运输方式。交通运输的发展史说明,任何一种交通运输方式的发展都是以人们在交通运输工具、交通基础设施建设以及相关产业上进行一系列创新为前提的。

## 2.2.2　制度安排

技术创新为新的交通运输方式的发展创造了可能,然而任何经济活动都是在一定的制度框架下进行的,制度安排和政策导向决定了进行哪些投资、从事哪种运输活动能获得福利最大化。因此,制度安排决定了何种交通运输方式能取得更快的发展, 它是土地利用与交通发展的另一决定因素。就经济学所言的制度,舒尔茨认为,它是"一种行为规则,这些规则涉及社会、政治及经济行为"[①]。诺斯则指出,"制度是一个社会的游戏规则,更规范地说,它们是为决定人们的相互关系而人为设定的一些制约"[②]。制度的功用在于:完善而有效率的制度安排构造了激励结构,并将促进所属范畴稳定与发展的效应程度,从而使人们努力从事合乎社会需要的经济活动。经济学家认为,制度是观察和理解人类经济活动或行为的最重要的钥匙或范式[③],因此,"社会总是需要存在一系列规则来协调人们的偏好以及偏好的集合"[④]。

1829 年 12 月 28 日,美国第一条铁路开通。[⑤] 这条铁路从巴尔的摩至俄亥俄,虽然在 1830 年建成时只有 13 千米,但是铁路的兴建是美国交通运输史上的最大变革。铁路以其自身的巨大优势,很快在美国广袤的土地上扎根,并得到迅速发展。1840 年美国铁路运行里程为 2 800 英里,1850 年发展到 9 000 英里,1860 年达到 30 600 英里,到 1890 年已

---

①　R·科斯、A·阿尔钦、D·诺斯等:《财产权与制度变迁——产权学派与新制度经济学译文集》,上海:上海三联书店,1994 年,第 253 页。

②　诺斯:《制度、制度变迁与经济绩效》,上海:上海三联书店,1994 年,第 3 页。

③　张宇燕:《经济发展与制度选择》,北京:中国人民大学出版社,1991 年,第 119 页。

④　A·艾伦·斯密德:《财产、权力和公共选择——对法和经济学的进一步思考》,黄祖辉等译,上海:上海三联书店、上海人民出版社,1999 年,中文版序言。

⑤　《美国铁路运输概况》,《铁道运输与经济》2006 年第 28 卷第 8 期,第 93 页。

达 166 703 英里,1900—1910 年,新增线路 48 000 英里,从 1910—1916
年又增加 20 000 英里,至此,美国已经拥有比整个欧洲还要长的铁路。
新建的铁路将城市及城市化推进至内陆腹地地区,使城市得以空前发
展,它在推动城市空前扩张之时,也带动了早期铁路郊区的出现与发
展。比如 1834 年,波士顿至伍斯特的铁路干线已经为波士顿的郊区布
鲁克莱恩提供通勤服务。到 1849 年,波士顿每天有 59 次通勤火车从
15 英里以内的各个郊区驶入波士顿,此外还有 45 次长途火车驶入该
市。1859 年,费城每天有 40 多次火车为它西北部的郊区日尔曼敦提供
通勤服务。快捷的通勤服务使波士顿和费城的郊区蓬勃发展。同一时
期,芝加哥至密尔沃基的铁路也在为芝加哥北部的一系列郊区小镇提
供通勤服务,使其人口增加十分迅速。

　　在一百年以前的半个多世纪内,这种近乎狂热的铁路建设高潮是
由当时美国政府铁路土地转让这一特殊的制度安排引发的。美国联邦
政府将一些州内属于美国政府的土地拨让给相关州政府,再由州政府
将这些土地转拨给有关铁路公司,铁路公司则在所得的土地上铺设线
路,并将出售其余土地所得的资金用于设施建设和设备购置。①

　　如果说特殊的制度安排带动了美国铁路的超常规发展,那么制度
安排也是导致美国铁路出现衰落的重要原因之一。

　　19 世纪 70 年代,美国中西部几个州通过"格兰杰法规"对铁路运
费订出限价,并授权设立州铁路管理委员会以实施新的立法。1887 年,
美国州际商业委员会建立之初,美国联邦就订出了铁路管理条例。第
一次世界大战时期美国政府对铁路的接管,以及后来的严格管制,对铁
路的经营管理产生了严重的负面影响。② 同时,美国政府是促进铁路的
竞争对手——公路运输力量日渐增强的重要因素。政府资助了州际高

①　有关美国政府铁路土地转让制度更为详尽的背景与内容参见荣朝和:《19 世纪美国
政府的铁路土地转让政策》,《铁道经济研究》2006 年第 3 期,第 32-36 页。

②　有关美国铁路管制制度变迁的详细内容参见欧国立:《美国铁路产业管制的产生与
变迁》,《产业经济研究》2003 年第 6 期,第 46-51 页。另见谭克虎、荣朝和:《从〈管制商务法〉
看美国铁路管制的演变》,《铁道经济研究》2004 年第 2 期,第 33-39 页;《从〈管制商务法〉看
美国铁路管制的演变(续)》,《铁道经济研究》2004 年第 3 期,第 35-40 页。

速公路的发展。1921—1974 年,美国联邦和州政府用于公路建设的开支是 4 010 亿美元,对铁路运输企业则没有进行任何资助[①]。

在制度上对铁路的严格管制和对公路的资助是导致美国铁路运输逐步衰落的原因之一。从 1947 年至 20 世纪 70 年代初期,美国铁路客运的年收入下降了 80%。20 世纪 70 年代,铁路在总客运量中所占的比例还不到 3%;2000 年,美国各类轨道交通(包括轻轨)在总客运周转量中所占比重仅为 0.6%,轨道交通在客运市场上几乎销声匿迹。铁路在货运业中的竞争地位下降主要是从第二次世界大战结束时开始的,铁路在总货运量中所占的比例从 20 世纪 40 年代的 2/3 下降到 20 世纪 70 年代初期的 2/5 以下,2000 年占总货物周转量的 37% 左右。[②]

我们再以我国海关制度变革创新降低航空货运交易成本为例,来说明技术进步虽然是运输发展的驱动力,但它带来的实际效果还取决于制度环境。制度匹配的档次以及制度运行的效率决定着运输业发展的深度。

新制度经济学创始人罗纳德·哈里科斯认为,经济学家们在构造模型时,忽略了在专业化和劳动分工发展的情况下,生产要素交易所产生的费用,而这些交易的费用是制度建立的基础。我国海关通关制度变迁历程如表 2-2-1 所示。我国自 2017 年 7 月 1 日起正式实施海关通关一体化,将报检、报关通道易堵塞的"橄榄型"通关模式变为"提前报检、提前报关、实货放行"的"哑铃型"通关新模式。2018 年 4 月,我国口岸通关制度再次变革,将出入境检验检疫划入海关,原出入境检验检疫系统统一以海关名义对外开展工作,口岸由"串联执法"转为"并联执法"。通关一体化与关检业务整合的改革,对航空货运企业而言,消除了属地报关的门槛,关务功能的地域限制和行政界限被打破,企业通关不再受时间和空间的限制,大幅缩短货物通关时间,降低了物流成本。为此,全球著名的邮递和物流集团 Deutsche Post DHL 旗下公司敦豪航

---

① 赵坚、陈和:《设立国土、交通、建设综合管理体制的思考》,《综合运输》2006 年第 1 期,第 22-26 页。

② 赵坚、陈和:《设立国土、交通、建设综合管理体制的思考》,《综合运输》2006 年第 1 期,第 22-26 页。

空货运公司(DHL)的测算表明,根据我国新的关检业务整合通关模式而优化的通关操作流程,可以实现货物通关时效提升 20%~30%。

表 2-2-1　我国海关通关制度变迁历程

| 时间 | 制度 | 制度内容 |
|---|---|---|
| 2001 年 10 月 | 国务院办公厅下发《关于进一步提高口岸工作效率的通知》 | 明确提出"实行'大通关'制度,提高通关效率" |
| 2004 年 | 全国提高口岸工作效率现场会 | 国务院副总理吴仪指示各地、各部门积极推进"大通关"工作,提高口岸工作效率 |
| 2014 年 12 月 | 国务院印发《落实"三互"推进大通关建设改革方案》(国发〔2014〕68 号) | 实现口岸管理相关部门"信息互换、监管互认、执法互助"的重大举措 |
| 2016 年 10 月 | 海关总署公告 2016 年第 62 号《关于开展税收征管方式改革试点工作的公告》 | 开展税收征管方式改革试点,启动全国海关通关一体化改革试点 |
| 2016 年 11 月 | 海关总署公告 2016 年第 73 号《关于扩大税收征管方式改革试点范围的公告》 | 扩大税收征管方式改革试点范围 |
| 2017 年 3 月 | 海关总署公告 2017 年第 12 号《关于进一步扩大税收征管方式改革试点范围的公告》 | 进一步扩大税收征管方式改革试点范围 |
| 2017 年 6 月 | 海关总署公告 2017 年第 25 号《关于推进全国海关通关一体化改革的公告》 | 推进全国海关通关一体化改革 |

资料来源:作者整理。

### 2.2.3　土地利用模式与交通方式选择的路径依赖性质

土地利用模式和交通方式选择之间存在的相互作用关系具有正反馈的自我强化过程,产生出不断积累的沉没成本和人们的习惯性适应,以致很难脱离被设定的发展轨道,这表现为路径依赖和锁定效应。这种路径依赖性质在美国的交通方式选择上表现得非常突出。

因为拥有优越的自然条件和良好的社会条件,美国在第一次世界大战前就开始了私家车的普及。汽车化不仅带来交通工具的改变,更导致流通形式、土地利用、生活方式等全方位的变化。① 20 世纪 30 年代，美国社会就形成了依赖于私人汽车的现代生活方式及城市结构的雏形。②

美国的商业和服务业、工作场所和住宅、道路和停车场都是围绕着私人汽车的使用而配套的，城市呈现出低密度的蔓延式发展状态。这是一个交通运输方式选择和土地利用模式演化相互作用的过程：一方面，较为分散的工作和居住状况促使人们选择私人汽车作为主要交通工具；另一方面，选择私人汽车作为主要交通工具，使人们经济活动空间的扩大具有现实的可能性，工作和居住场所能够更加分散化，道路和商业设施的建设更加适应这种郊区化低密度的居住方式，而这种低密度居住方式产生出对私人汽车的强烈依赖，没有私人汽车则无法购物、出行，这就进一步强化了对私人汽车这种交通方式的选择。

这种从 20 世纪 20 年代开始的以私人汽车为主导的城市低密度扩张的郊区化在持续了半个多世纪以后，在 20 世纪末期开始遇到交通拥挤、环境污染、能源和土地紧缺的问题，使得美国的一些州开始考虑改变过度依赖私人汽车的发展模式，着手实施"公共交通导向的发展模式（TOD）"。

但路径依赖和锁定效应成为实施 TOD 的巨大障碍。20 世纪 90 年代，加利福尼亚州在公共交通上的投入为 140 亿美元，但乘用公共交通上下班的人只增加了 10%。亚特兰大市是美国最早实施 TOD 的城市，它投资 35 亿美元修建了 48 英里的地铁，但城市的分散扩张形态和人口的低密度分布使公共交通难以吸引足够的客流。人们仍然主要依靠私人汽车出行，地铁的建设对解决亚特兰大高速公路堵塞和空气污染问题几乎没有多少帮助。③ 这致使作为全美第九大公交系统投资庞大

---

① 北村隆一：《汽车化与城市生活——21 世纪的城市与交通发展战略》，北京：人民交通出版社，2006 年，第 3 页。

② 北村隆一：《汽车化与城市生活——21 世纪的城市与交通发展战略》，北京：人民交通出版社，2006 年，第 4 页。

③ 赵坚、陈和：《设立国土、交通、建设综合管理体制的思考》，《综合运输》2006 年第 1 期，第 22-26 页。

的亚特兰大捷运（MARTA）没有对亚特兰大交通运输发挥其应有的作用。[①]

公共交通导向的发展把交通方式选择和土地利用方式的改变结合在一起,开始找到了解决现代城市依赖于私人汽车的土地低密度利用问题的出路,但对美国城市来说,巨大的沉没成本和路径依赖构成了对交通运输方式转型的严峻挑战。正如道格拉斯·C.诺思所言:"人们过去做出的选择决定了他们现在可能的选择,沿着既定路径,经济和政治制度的变迁可能进入良性循环的轨道,迅速优化;也可能沿着原来的错误路径往下滑,如果弄得不好,它们还会被锁定在某种无效率的状态之下。"[②]

## 2.3　交通运输对城市群空间布局结构的优化作用

在城市群的发展过程中,交通运输和城市群的发展保持着相互作用、相互促进的关系。在新型城镇化进程中,人口与产业的集聚、社会生产生活方式的变革将导致城市群交通运输系统呈现多样性的内在机理,交通运输发生新的特征演变。城市群的建设促进了交通运输的发展,同时交通运输的发展也将引领着城市群的协调发展。

### 2.3.1　便利的交通条件是城市群形成和发展的基础

人口以及产业的集聚和扩散是城市群兴起的主要驱动因素,这种驱动作用建立在便利的交通条件基础之上。任何形式的城市群形态研究都是以一定的交通线路为依托,发达的交通运输网络为城市群的发展创造了条件,对降低企业和社会成本、促进产业空间布局不断优化发

---

① 宋彦、丁成日:《交通政策与土地利用脱节的案例——析美国亚特兰大的 MARTA 公交系统》,《城市发展研究》2005 年第 12 卷第 2 期,第 54-59 页。

② 卢现祥:《西方制度经济学》,北京:中国发展出版社,1996 年,第 83 页。

挥了重要的基础性作用。

## 2.3.2 交通对优化城市群空间布局结构发挥引领作用

交通可以带动沿线经济和城市的发展,城市的发展产生旺盛的运输需求,又促进了交通的发展,这是城市群与城际交通互动发展的一般规律,这一规律的结果表现为城市群发展总是沿着交通轴线拓展和延伸,从而强化或改变城市群的空间结构。交通条件的改善是城市群空间拓展的基础,也是构建城市群空间形体的主要决定因素。国内外城市群形成和发展的历程表明,每一次交通网络的优化都会带来城市群空间结构的进一步优化和完善。

# 第 3 章
# 机场群发展的国际经验与
# 我国现状

在经济全球化和区域一体化的宏观背景下,机场作为所在城市的门户,越来越体现出其重要作用,一些大型机场的服务范围甚至覆盖了整个经济区。城市群是参与全球竞争与分工的具有全球战略意义的竞争主体,在汇集了现代化经济、金融、贸易等中心功能的城市群区域,离不开具有独特优势的航空业发展和机场群建设,独体机场难以满足区域经济一体化发展,"机场群"的运作方式渐成趋势。

## 3.1 机场群的成因及世界机场群分布

### 3.1.1 机场群的成因

世界枢纽机场的竞争已呈现新趋势,演变为机场群之间的竞争与协同发展。

机场群作为一个专门的研究对象,出现的时间并不长。19世纪70年代,国外学术界便开始展开机场群形成和演化、区域内旅客机场选择、机场间和航空企业间的竞争等方面的研究,这些研究集中在美国。1987年,美国学者阿什福特和本吉姆提出了机场群的概念,他们研究了广阔区域内民航旅客选择机场及机场竞争与合作的问题。1995年,美国麻省理工学院的理查德教授研究了构建荷兰阿姆斯特丹大区域机场群及相关政策的问题,研究实证表明,美国罗得岛州、新罕布什尔州、马萨诸塞州的机场已经集成一个机场群。

美国FAA依据ISTEA法案及《机场地面多式联运计划指导书》,从2000年开始,定期滚动编制《国家机场一体化规划》。规划包括军用及民用机场,合计机场3 364个,并综合考虑了需求、空域、国土、经济等资源及各种交通方式衔接的一体化优化。规划将机场分成七类机场群:大型枢纽、中型枢纽、小型枢纽、非枢纽、其他商业服务、备用与通用等机场群。

本书认为,在空间布局上,机场群是指城市群地区拥有的多个用于商业运营的机场。机场群的形成是机场所在的区域条件与机场本身的资源条件这两方面共同作用的结果。

### 3.1.1.1 城市体系发展需要新的交通条件

从全球范围来看,城市化水平的提高、城乡对外交通联系的加强,促成了一种较高层次的区域性综合经济体。在这些区域,城市的职能和集聚效应已经不再局限于单中心的封闭型城市本身,过去以行政隶属为基础的单一城市体系被以经济中心城市为核心的多级分散型城市群体所代替,形成了以城市群为载体的区域经济。

区域交通技术与手段决定区域空间相互作用的深度与广度,是改变区域城市社会经济活动的重要因素之一。借助于交通、互联网、跨国公司等因素,目前,世界城市群发展已走向网络化的新趋势。

在这种多级分散型城市群体中,城市群内的城市之间不应该像由城市等级体系及城市规模分布所决定的城市群体那样,只存在竞争及等级关系,而是存在合作与相互关联的网络互补关系,城市群体系中的每个城市都是经济活动在空间内集聚扩散而形成的一个网络节点。

基于交通延展的线路联系,各城市间具有了相对紧密的空间联系,即城市间不断进行的物质、人员、信息等的交换,以及经济、社会活动的相互影响,正是这种空间联系将地域上分散的城市整合为一体。

交通线网和沿线的城市构成了一个开放的网络系统,城市是交通网络上的节点,交通线路是城市对外联系的重要组成部分。构成区域综合交通运输体系的航空、铁路、公路等各种交通方式,在不同程度上与城市的发展有着内在联系,根据各自的网络特点支撑和引导城市空间的发展,进而影响着城市体系的形成。交通条件的进化过程直接导致城市群内部组织结构的变化和外部具体形态的演化,其本身亦作为构成城市群体空间形态的要素之一,表 3-1-1 中所列的城际轨道交通线路就是京津冀城市群不可分割的基础设施资源。

### 3.1.1.2　需求增加是形成机场群的市场因素

城市群的发展尽管各具特色,但大多经历了中心城市壮大、核心城市辐射带动、群域合作融合的过程。首先,区域内的中心城市由小变大、由弱变强,逐渐发展为核心城市;其次,核心城市资源外溢,辐射带动周边地区,进行资源整合和交换,形成城市圈层;最后,城市圈层渗透、重叠、融合,形成了稳定又具有分工合作关系的规模更大的城市群。机场群的发展则与之相对应,经历了中心机场壮大、核心机场"资源溢出"、多机场协调互补的发展阶段,解决城市群各发展阶段所带来的经济流、信息流和物流矛盾,促进城市间的互联互通。

表 3-1-1　京津冀城市群城际轨道交通线路规划建设统计

| 序号 | 线路名称 | 通过城市/站点设置 | 线路长度 | 建设年限 |
|---|---|---|---|---|
| 1 | 环北京城际铁路（平谷段） | 途经北京东坝北岗子站、李桥站、北务站、三河市马坊站、马昌营站、平谷西站、平谷站 | 72千米，其中河北段22千米 | 2016—2019年 |
| 2 | 京滨城际铁路 | 北京到天津第二条城际铁路，与京唐城际共线80千米 | 新建97千米 | 2017—2019年 |
| 3 | 京唐城际铁路 | 全线设7座车站，分别为北京城市副中心潞城镇站、燕郊站、大厂站、香河站、宝坻南站、鸦鸿桥站和唐山站 | 148.47千米 | 2016—2020年 |
| 4 | 京石城际铁路 | 北起北京新丰台站（部分车次在北京西站始发），途经房山、涞水、涿州、定兴、容城、保定、清苑、安国、无极、正定等县市，终点为石家庄市 | 297千米 | 2018—2020年 |
| 5 | 京承城际铁路 | 列入铁道部《中长期铁路网规划》，拟以北京市通州区新北京东站为起点，经顺义、平谷、兴隆，至终点承德站 | 200.1千米 | 2020年 |
| 6 | 京张城际铁路 | 京兰客运高速铁路北京至张家口段，起自北京北，途经沙城、下花园、宣化，终至河北张家口 | 17.4千米 | 2016—2019年 |
| 7 | 京霸城际铁路 | 途经北京西站、李营站、黄村站、新机场站、永清西站和霸州站 | 78.24千米 | 2016—2019年 |
| 8 | 廊涿城际铁路 | 东起廊坊市，向西经大兴区、固安县、涿州市终至涞水县 | 110.86千米 | 2017—2020年 |
| 9 | 固保城际铁路 | 自廊涿城际铁路中的固安西站引出，向南经过高碑店、雄县后，自东侧引入津保铁路白沟车站，而后线路向西经容城、安新，跨白洋淀至保定，与京广铁路保定东站并站 | 98.32千米 | 2016—2020年 |

| 序号 | 线路名称 | 通过城市/站点设置 | 线路长度 | 建设年限 |
|---|---|---|---|---|
| 10 | 首都机场至新机场城际铁路 | 首都机场—通州—廊坊—新机场 | 39千米 | 2015—2019年 |
| 11 | 京雄城际 | 自京九铁路李营站,经北京大兴区、北京新机场、霸州市,终至雄安新区 | 正线全长92.4千米 | 2018—2019年 |

资料来源:作者整理。

城市区域扩大引发的航空运输需求增加是城市群形成机场群的主要原因。随着航空运输市场需求的不断增加,区域内许多城市的原有机场容量已经无法满足区域内的航空运输需求,需要建设新的机场来满足日益增长的航空运量。同时大城市的快速发展导致机场周边已被城市紧密包围,对原有机场的改扩建受到了土地、环境、资源等方面的限制,这时修建新机场成为政府的不二选择。单体机场的运输需求越接近极限容量,延误概率越大,机场运行效率越低,给机场、航空公司、旅客造成的损失就越大。因此,从机场的运营效率看,当机场年旅客吞吐量规模达到5 000万人次(少数硬件设施完善的机场客流量达到6 000万~8 000万人次)时,单体机场的运营将变得不经济。在这种情况下,原有机场容量饱和就成了修建新机场的硬性指标。因此,当机场容量和机场运力达到设计容量上限时,政府一般会考虑新建机场。

### 3.1.1.3　目的地旅客(OD旅客)运量是形成机场群的诱发因素

除了航空运输的总体规模水平外,OD旅客运量也是机场群形成的又一个诱发因素。在城市群地区航空旅客的结构中,既包含OD旅客,也包括中转旅客。从国际经验来看,OD旅客为其所在地区机场群发展提供了主要动力,是产生和维持机场群的市场力量。当OD旅客吞吐量达到3 000万人次以上时,有利于规划和运营机场群。世界上的一个特例是:全球客运量最大的机场亚特兰大机场在2015年就成为全球首个年旅客吞吐量突破 1 亿人次的机场,在其过亿的年客运量中,中转客流量占 70%左右,而世界上其他大型机场的中转客流平均只占 35%,我国客运量最大的北京首都国际机场 2018 年中转客流量则占 10%,亚特兰大机场的这种客流结构决定了其采用集中的单体机场运行更有效率。

### 3.1.1.4 跑道容量是形成机场群的资源因素

除了设计标准外,还可以用跑道容量与市场需求之间的关系来判断机场的饱和程度。一般情况下,停机坪、航站楼和机场陆侧空间等这些运力设施可以通过改扩建或提高效率来提升运行容量,跑道对机场的限制就显得更为直接,并且由于在同一区域共用航路的现象非常普遍,所以根据机场跑道容量就能够判断机场的运力水平。当跑道容量小于市场需求时,机场容量就达到了饱和程度。机场跑道数量与跑道容量的关系如表 3-1-2 所示。

表 3-1-2　跑道数量与跑道容量关系

| 跑道数量(条) | 跑道容量(人次) |
| --- | --- |
| 1 | 1 500 万~2 000 万 |
| 2 | 3 000 万~3 500 万 |
| 3 | 4 500 万~5 000 万 |
| 4 条以上 | 6 000 万~9 000 万 |

根据上述机场群的成因,可以看出,服务于同一城市区域的多个机场表现出以下三个方面的特征:

(1)拥有一个共同市场

在城市群区域内的机场群中,每个机场都有自己的市场,即每一个机场都有自己的航空客源和货源的市场范围。但各个机场的市场是相互交叉重叠的,很难明确区分出每一个机场的市场范围,即城市群区域中的机场拥有一个共同的航空运输市场。

（2）仅提供商业运输服务

机场群中的各个机场一般是指商业运营的机场,那些军用机场、私人机场等不用于商业性的公共民用航空运输,不属于机场群的范畴。

（3）服务于城市群区域

机场群的区域范围是由多个城市构成的城市群,机场群系统中相邻机场的服务半径多为 100 千米或 1.5 小时车程,主要服务范围集中在城市群区域。

## 3.1.2　世界机场群分布

世界级城市群是全球主要经济、金融、贸易、文化中心,经济体量规模大,航空运输需求大。因此,在世界范围内,典型的机场群主要分布在欧美经济与航空运输发达地区。

在世界范围内,已经发展成熟且得到公认的城市群主要包括以下五个:美国东北部大西洋沿岸以纽约为中心的城市群,北美五大湖以芝加哥为中心的城市群,日本太平洋沿岸以东京为中心的城市群,英国以伦敦为核心的城市群,欧洲西北部以巴黎为中心的城市群。这五大城市群催生了对应的机场群,五大城市群均拥有数量众多的机场（见表 3-1-3）,这些机场作为重要的公共基础设施,成为在全球航空业有影响力的重要节点,城市群与机场群合理分工、协调发展。

表 3-1-3　世界级城市群机场情况

| 城市群中心 | 机场数量 | 成员机场 |
|---|---|---|
| 纽约 | 7 | 肯尼迪、纽瓦克、拉瓜迪亚、泰特波罗、斯图尔特、大西洋城、艾斯利普 |
| 芝加哥 | 4 | 奥黑尔、中途、加里、罗克福德 |
| 东京 | 3 | 羽田、成田、茨城 |
| 伦敦 | 6 | 希思罗、盖特威克、斯坦斯特德、卢顿、伦敦城市、绍森德 |
| 巴黎 | 4 | 戴高乐、奥利、瓦特里、博韦 |

# 3.2 世界级机场群运行规律及发展经验

## 3.2.1 世界级机场群运行规律

虽然全球机场群的具体形成路径和运营现状不尽相同,但通过对主要机场群的考察,可以发现成功运转的机场群一般具有以下规律:

### 3.2.1.1 实行主辅分工

主辅分工是指在机场群系统中,一般都存在着一个或多个起核心作用运营的机场,和一个或多个次核心机场及若干中小机场。核心机场和非核心机场在航空运输量与航线结构方面存在着显著的差异。

一般情况下,城市群区域内的航空旅客流量会呈现一种聚集效应,旅客流量主要集中于核心机场。纵观全球机场群所完成的客运业务量,超过 1/2 是由核心机场完成的,非核心机场完成的占 1/4,其余机场完成剩余的 1/8。

但在少数机场群中,核心机场与非核心机场的旅客运输量差异并不明显。产生这一现象的原因在于:一是机场群内的核心机场的容量过分饱和,不得不将部分旅客分流到区域内其他机场;二是核心机场和非核心机场之间的客流量还没有达到相对稳定的状态,正处于持续变化的过程之中,例如,法国戴高乐机场在启用 20 年后才成为巴黎地区主要机场,而在此之前,它与机场群内另一机场奥利机场之间的旅客运输量的比例就处于不断变化状态,此消彼长;三是受到地区政治影响或机场技术限制等,机场群中的核心机场和非核心机场客流量可能相当。

### 3.2.1.2　差异化定位

机场群内各机场为了避免恶性竞争,通常会通过分工协作,实行功能划分,错位经营,专注于自己专长的服务对象和服务内容,充分发挥系统内每个机场的优势和能力。

各个机场功能定位的选择标准主要是依据区域地理位置、经济发展水平与特征,航空市场规模、客流特征,机场战略定位、服务种类、航线覆盖范围等,并结合航空运输市场发展现状综合选取。经过整合后,各机场在功能设置上不再追求原来"大而全、小而全"模式,也不再提供各种类型的服务内容,而只需专注于根据系统总体目标和机场自身特点确定的一些特定的服务项目和服务对象。有的机场侧重服务于大型网络航空公司,为其提供高品质服务,致力于打造国内或国际航空枢纽;有的根据区域经济发展特征选择航空货运作为主要业务;有的以支线航空公司为主要服务对象;有的把低成本航空公司作为主要服务对象。这种根据细分市场进行的选择对机场功能定位提出了专业化要求,每个机场只需专注于本机场主要的服务项目,从而促使机场走向专业化、集约化、规模化之路。

进入 21 世纪来,世界范围内的机场群在功能定位的选择上又出现了值得关注的新趋势,主要体现在两方面:

一方面,服务于低成本航空公司的非核心机场发展迅速。低成本航空公司的出现为非核心机场的发展提供了良好机遇。机场群中的非核心机场可以定位为枢纽机场的辅助机场,为顾客提供更加方便、廉价的服务。例如,早在 20 世纪 70 年代,美国西南航空公司就开始在美国都市区非核心机场设立低成本航空公司运营基地,从而带动了多个机场运量的增长。这一趋势在欧洲更为明显,低成本航空公司的进驻为非核心机场的运量增长做出了重要贡献,也为核心机场缓解运行资源紧张局面提供了帮助。

另一方面,通用机场也逐渐成为非核心机场专业化发展的重要方向。20 世纪末,美国 FAA 向国会提交报告,提出鼓励在大型城市附近开发建设大型通用航空机场,称其为"辅助机场(Reliever Airport)"。FAA 出台该政策的原因在于,枢纽机场日益繁忙,通用航空不适合在枢纽机场占用宝贵的时刻资源运行,需要建设专门的通用机场来承接市场需求。目前美国拥有这种类型的机场共计 33 个,平均每个机场有驻场飞机 181 架,占美国所有注册通用航空器数量的 32%。随着通用航空的快速发展,专业化的通用机场也将逐渐成为机场群中非核心机场的发展方向。

### 3.2.1.3 细分市场

在机场群中,细分市场是决定机场功能定位的核心因素。细分市场有不同的分类方式,例如干线与支线、国际与国内、货运与客运、中转与点对点、长途与短途,以及通用航空、包机、低成本航空运输、特定航线(细分的国际市场、国内市场、旅游目的地等)、特殊的旅客群体(旅游度假、高端旅客)等。机场群中各个机场都需要结合本地区航空运输市场和航线网络的发展趋势,明确功能定位,唯此才能锚定目标市场,进而制定可行的运输发展战略与规划。

不过在细分市场中,机场能否成功运营还有赖于航空公司的战略。航空公司尤其是基地航空公司和机场形成了相互关联、相互渗透的利益相关体和战略同盟,航空公司掌握运力资源,机场业务量的增长在很大程度上取决于航空公司是否愿意把该机场作为基地机场。在这种背景下,机场的发展战略可能要随着进驻航空公司经营战略的变化而不断进行调整。因此,航空公司与机场有效配合是机场高效运转的关键因素,缺乏航空公司的配合,机场群细分市场将很难有效运转。在具有可替代性的条件下,尽管旅客可以自由选择不同机场及航空公司,甚至还可以在航空、铁路、公路等不同运输方式之间进行旅行产品的选择,但是对纯粹的航空运输旅客群体而言,航空公司的服务水平、航点通达、航线结构等因素才是他们做出选择的最终依据,所以航空公司在某一机场的战略定位是机场能否运转成功的重要因素。

### 3.2.1.4　一体化管理

从 20 世纪 80 年代起,BAA(英国机场集团)和 SEA(意大利机场集团)等大型机场管理企业将其在长期机场运营中积累的丰富管理经验向外输出,在全球范围内陆续接管了一些机场的运营权,在所接管的机场实施类似于连锁经营的统一管理模式并取得了很大成功,这也成为机场在国际上进行整合的催化剂,同时也是机场群一体化运营的基础。从目前全球机场群的运营管理实践来看,主要是通过以下三种方式实现一体化运营:

第一种是以产权关系为纽带,通过对区域内机场的所有权实施控股,对各机场的市场定位、发展战略等重大问题实施控制,这种一体化运营模式的典型是伦敦机场群。在机场私有化的国家,产权关系比较明确,容易从所有权关系方面对机场实施控制。

第二种是各机场之间不存在产权隶属或者控股关系,机场被纳入大交通或大公用事业体系中,通过设立跨行政区域的协调管理机构来组织机场间的协同运营,典型代表是美国的纽约-新泽西港务局。在美国,大多数机场的产权属于各级政府,机场管理主要由机场所在地政府设立具有公用事业性质的机场管理局或者与相邻区域的政府联合设立管理机构来对区域范围内的机场、公路、隧道和港口等公用设施实行统一的运营管理。这种产权结构和管理模式决定了其对机场群实施整合时不涉及机场所有权的变动,机场所有权和管理权分离,机场运营管理机构通过和机场产权单位签订经营合同,获得产权单位的授权,对机场进行日常管理与运营。

第三种是各自竞争发展的松散或联盟合作模式,比如当前我国的长三角机场群、珠三角机场群,即属此种运营模式。长三角机场群分属三省一市,珠三角机场群分属一省两市两特别行政区,主要通过行业主管部门、机场所在地方政府或行业协会来对机场群内各机场进行协调。

从世界范围看,有效整合与协同发展是全球运营良好机场群的共同特征。采用这种统筹协调的一体化管理模式,主要优势体现在:一是有利于协调多个机场的市场定位和分工,合理并动态地分配各类资源、航空需求,能形成良性均衡发展;二是有利于机场群内新机场的市场培育,避免新机场项目的失败或者市场培育期过长;三是有利于避免无序、过度竞争甚至恶性竞争,充分利用各机场资源,保障机场群整体的投资效益。

在我国,由于机场管理体制的原因,大部分机场群的运作模式不涉及产权关系,不改变政府现有的管理组织职能,在现实中无法很好地解决重复建设、过度竞争等问题,在涉及重大利益问题上很难实质达成一致。因此,从机场属性与发展定位看,美国纽约-新泽西港务局的管理模式应该成为未来我国机场群运营管理模式的标杆。全球五大城市群中主要机场的运营和产权所有情况如表 3-2-1 所示。

表 3-2-1　全球五大城市群中主要机场的运营和产权所有情况

| 城市群中心 | 成员机场 | 运营者 | 产权所有情况 |
|---|---|---|---|
| 伦敦 | 希思罗 | 英国机场集团 | 希思罗机场控股公司 |
| | 盖特威克 | 英国机场集团 | 全球基础设施合伙人公司 |
| | 斯坦斯特德 | 英国机场集团 | 希思罗机场控股公司 |
| | 卢顿 | AENA 和 ARDIAN | 卢顿市政府<br>西班牙机场管理公司 |
| | 伦敦城市 | 伦敦城市机场有限公司 | 私人所有 |
| 纽约 | 肯尼迪 | 纽约-新泽西港务局 | 纽约市 |
| | 纽瓦克 | 纽约-新泽西港务局 | 纽瓦克市 |
| | 拉瓜迪亚 | 纽约-新泽西港务局 | 纽约市 |
| | 艾斯利普 | 艾斯利普镇 | 艾斯利普镇 |

续表

| 城市群中心 | 成员机场 | 运营者 | 产权所有情况 |
|---|---|---|---|
| 东京 | 羽田 | 航站区由日本机场大厦株式会社负责,跑道等空侧设施归国家运营管理 | 东京都政府 |
| | 成田 | 成田国际空港有限公司 | 东京都政府 |
| 芝加哥 | 奥黑尔 | 芝加哥机场管理集团 | 芝加哥市 |
| | 中途 | 芝加哥机场管理集团 | 芝加哥市 |
| 巴黎 | 戴高乐 | 法国巴黎机场公司 | 法国巴黎机场公司 |
| | 奥利 | 法国巴黎机场公司 | 法国巴黎机场公司 |
| | 博韦 | 法国巴黎机场公司 | 法国巴黎机场公司 |

### 3.2.1.5　市场化运作

纵观国内外主要区域的机场群发展过程,虽然政府部门在机场规划布局、战略定位、公用设施配套、空域协调等方面发挥了重要作用,但是各机场间的协同发展,更需要通过市场化的手段来实现。

首先,要以满足市场需求为最高目标,根据市场需求特点和机场经营条件来合理确定各个机场的发展定位与分工协作关系。

其次,为实现区域内各机场的协同发展,必须处理好航空运输市场运行中各相关利益方的关系。对于航空旅客和货主等最终消费者,应尽量利用市场化的价格手段,对最终用户进行有目的的区分和分流,并使其得到与所付费用相称的航空运输服务。

对于航空公司,应赋予其自行选择所运营机场的权利。机场根据自身定位,结合价格手段来吸引基地航空公司入驻,尽量采用市场化手段对各机场的航线时刻等资源进行分配。

对于每个机场,都应该从机场群的协同发展中受益。如果由于机场分工协作方面的原因,某一机场的利益受到损害,则应该可以通过经济救济手段从机场群内的其他机场得到适当的补偿。只有处理好各相关利益方的关系,区域内各机场的协同运营才可能长期发展下去。

## 3.2.2 世界级机场群的经验借鉴

纽约机场群是世界级机场群成功运营的典范,其成功的关键在于成立了跨行政区的区域公共管理机构——美国纽约-新泽西港务局。

纽约-新泽西港务局是美国成立较早且运营良好的跨州公共机构之一。它于1921年4月30日经美国国会批准,由纽约州和新泽西州政府依据州际协议联合创建,最初命名为"纽约港务局(Port Authority of New York)";1972年正式更名为"纽约-新泽西港务局(Port Authority of New York and New Jersey)"。20世纪40年代,港务局从政府手中接管整合了区域内的主要机场,逐步促进了纽约地区机场群的协同发展。时至今日,纽约-新泽西港务局已经发展成了纽约大都市区内兼海陆空交通为一体,集设计规划、发展建设、运营管理于一身的著名公共机构。

目前,由纽约-新泽西港务局管理的纽约机场群包括肯尼迪、纽瓦克、拉瓜迪亚三个大型机场和斯图尔特、大西洋城、泰特波罗、艾斯利普等四个小型机场。其运营管理的成功经验包括:

### 3.2.2.1 整体协调避免恶性竞争

纽约机场群的各机场形成互为补充,而不是恶性竞争的格局,关键是纽约州和新泽西州联合设立的纽约-新泽西港务局被赋予广泛的综合规划职能、相当规模的基础设施资源控制能力和跨区域协调能力。在类似于美国东北部走廊这样人口密集、行政区划众多的地区,建立一个具有强有力跨区域协调能力的组织机构是保证系统正常运营的基本前提。因为在这种经济发展水平较高的区域,借助于高度发达的地面运输系统,通常机场群的市场辐射范围都超出了行政区划的范围。

### 3.2.2.2 功能定位强调差异发展

纽约机场群主要机场功能定位的决定因素包括三个方面:一是各

机场的基础设施和综合保障能力;二是来自美国联邦政府和港务局的规则限制;三是航空公司基于市场的战略选择,机场业务量的增长在很大程度上取决于航空公司是否愿意将该机场作为基地机场及航空公司的发展战略。港务局通过制定各机场差异化的收费标准、限制拉瓜迪亚机场最大航程、限制泰特波罗机场最大起飞全重等措施,实现纽约各机场较为均衡的"抱团"发展。

### 3.2.2.3　集中管控提升资源效能

纽约-新泽西港务局是一个具有足够管辖权和跨边界协调能力的组织机构。在经营管理上,各机场的收入、支出和资本投入计划,都由港务局批准、监督和考核;在运营管理上,港务局监管机场所有业务,包括安全管理、运营管理、跑滑系统、轻轨列车等。港务局通过对所管辖机场的集中统一管理,来实现纽约机场群互为补充、协调发展的良性格局。

### 3.2.2.4　经济政策积极引导分流

纽约-新泽西港务局通过管制、投资和价格等多种手段,在各机场之间动态地调整运量,积极引导航线航班分流。比如限制拉瓜迪亚机场的航班只能飞行 2 400 千米(1 500 英里),以支持肯尼迪机场国际枢纽建设;收购斯图尔特机场,通过降低收费标准、优化地面交通等办法,来吸引纽约地区各机场的低成本航空公司到斯图尔特机场运营;通过提高泰特波罗机场的保障标准、降低收费水平,来吸引纽约主要机场的公务机到泰特波罗机场运营。美联航在纽瓦克机场的航班通过降低 100 美元票价的方式来吸引旅客选择纽瓦克机场出行。

### 3.2.2.5　资金来源建立多种渠道

纽约-新泽西港务局通过建立四个"资金池"来解决各个机场巨额建设资金投入不足的问题。一是各个机场每年的收入大约为 25 亿美元;二是民间资本资金池;三是旅客设施使用费,每出发旅客为 4.5 美元;四是机场发展计划资金项目,该资金来源于美国联邦政府。其中民间资本资金池是最大的资金池。港务局还有一个优势,就是可以借助管理其他公共基础设施来实现建设资金的统筹利用。

### 3.2.2.6　提高机场容量

FAA 负责调控纽约主要机场容量,如高峰小时肯尼迪机场 81 架次、纽瓦克机场 81 架次、拉瓜迪亚机场 78 架次。纽约主要机场已经很拥挤,需要发展新的机场,分流特定航班。这其中有两种方式,一种是购买容量没有用尽的机场,一种是新建机场。纽约-新泽西港务局选择的是前者,并充分考虑了高速公路和铁路等便捷的地面交通问题。纽约-新泽西收购斯图尔特机场用于分流低成本航班,从而提升主要机场容量,就是一个典型案例。同时,纽约-新泽西港务局也在积极完善各机场的基础设施,进一步提高各机场的运营效率,从而进一步提升整个机场群的容量。

### 3.2.2.7　综合交通系统发达

纽约主要机场都拥有轨道交通,机场捷运联结机场各航站楼、停车场、长岛铁路和纽约地铁、新泽西地铁;主要机场都开通机场巴士通往市区主要站点。各种交通方式在港务局的统筹管理下,与航空服务密切合作,为旅客提供优质便捷的服务,有效减少了各机场的阻塞现象,促进机场设施容量得到充分利用。但是,港务局并不重点考虑各大机场之间的互联互通。

# 3.3　我国机场群发展现状

## 3.3.1　现有运输机场群分布

2008 年,国务院批准出台《全国民用机场布局规划》,依据行政区划将全国机场划分为华北、东北、华东、中南、西南五大区域机场群。

民航"十二五"发展规划全面落实《全国民用机场布局规划》,按行政区划,推进机场群建设,"促进多机场体系的形成"。

《中国民用航空发展第十三个五年规划》明确提出,"至 2020 年,完善华北、东北、华东、中南、西南、西北六大机场群"。

自 2008 年国务院批准实施《全国民用机场布局规划》(不含通用航空机场)以来,我国机场数量显著增加,机场密度逐渐加大,机场服务能力稳步提升。但机场总量不足、布局不尽合理等问题还较为突出,难以满足综合交通运输体系建设和经济社会发展的需要,无法适应国家重大战略实施和广大人民群众便捷出行的要求,亟须对民用运输机场布局规划进行修编。2017 年,国家发展和改革委员会、民航局对 2008 年国务院批准实施的《全国民用机场布局规划》进行修编,颁布了新版《全国民用运输机场布局规划》。新的修编规划在 2008 年《全国民用机场布局规划》的基础上,按照统筹推进"五位一体"总体布局和协调推进"四个全面"战略布局,以创新、协调、绿色、开放、共享发展理念的总体要求,结合"一带一路"倡议、京津冀协同发展战略、长江经济带战略,从综合交通运输体系发展考虑,对民用运输机场建设数量、空间布局等进行了调整完善,提出了一体化衔接、绿色集约发展等政策措施,形成与高速铁路优势互补、协同发展的格局。

修编的《全国民用运输机场布局规划》明确要继续"完善华北、东北、华东、中南、西南、西北六大机场群,到 2025 年,在现有(含在建)机场基础上,新增布局机场 136 个,全国民用运输机场规划布局 370 个(规划建成约 320 个)"。

修编的全国民用运输机场布局规划具体情况如下:

华北机场群:由北京、天津、河北、山西、内蒙古 5 个省(自治区、直辖市)内的机场构成。布局规划新增沧州、介休、正蓝旗等 16 个机场,总数达 48 个。

东北机场群:由辽宁、吉林、黑龙江 3 个省内的机场构成。布局规划新增铁岭、四平、绥化等 23 个机场,总数达 50 个。

华东机场群:由上海、江苏、浙江、安徽、福建、江西、山东 7 个省(直辖市)内的机场构成。布局规划新增嘉兴、蚌埠、瑞金、宁德、菏泽等 16 个机场,总数达 61 个。

中南机场群:由河南、湖北、湖南、广东、广西、海南 6 个省(自治区)内的机场构成。布局规划新增周口、荆州、湘西、韶关、贺州、儋州等 24 个机场,总数达 60 个。

西南机场群:由重庆、四川、贵州、云南、西藏 5 个省(自治区、直辖市)内的机场构成。布局规划新增武隆、甘孜、威宁、楚雄等 29 个机场,总数达 78 个。

西北机场群:由陕西、甘肃、青海、宁夏、新疆 5 个省(自治区)内的机场构成。布局规划新增宝鸡、平凉、共和、石嘴山、塔什库尔干、且末(兵团)等 28 个机场,总数达 73 个。

## 3.3.2 存在的主要问题

### 3.3.2.1 与新型城镇化不匹配

我国机场体系已经构筑的北方机场群、华东机场群、中南机场群、西南机场群、西北机场群等机场群的划分早于新型城镇化的规划,因此,在区域覆盖方面不能做到与"两横三纵"的城市群布局相互对应,在功能定位上不能满足新型城镇化发展目标的需要。

新型城镇化需要构建结构合理的网络化综合机场体系,机场体系还需要进一步扩能优化。通过与美国机场体系的对比(见表 3-3-1),可以看出我国机场的结构特点及存在的结构问题:(1)我国目前还没有用于开展通用航空业务的小型商业机场;(2)我国机场体系中所称的"大、中、小"枢纽机场比例均高于美国;(3)我国年旅客吞吐量 10 000 人次以下的小型支线机场所占比例与美国相差不大,但数量上远不及美国。①

表 3-3-1　美国商业服务机场体系结构组成

| 机场类别 | | 年旅客吞吐量占全国比重 | 数量(个) |
|---|---|---|---|
| 商用机场(514个):年旅客吞吐量在 2 500 人次以上且具有定期航班计划的公用机场 | 基础商用机场(389个):年旅客吞吐量在 10 000人次以上的机场 | 大型枢纽机场:1% 及以上 | 29 |
| | | 中型枢纽机场:大于等于 0.25%且小于 1% | 33 |
| | | 小型枢纽机场:大于等于 0.05%且小于 0.25% | 76 |
| | | 非枢纽机场:大于等于 10 000 人次且小于 0.05% | 251 |
| | 非基础商用机场(125个) | 非基础商业机场:大于等于 2 500 人次且小于 10 000人次 | 125 |

资料来源:FAA. NPIAS:National Plan of Integrated Airport Systems 2015–2019.(国家机场系统规划 2015—2019)。

### 3.3.2.2　覆盖范围不够广泛

目前我国机场数量仍然偏少,中西部地区覆盖不足,特别是边远地区、民族地区航空服务短板突出。根据统计测算,我国西部地区每 5.78 万平方千米 1 个机场,中东部地区每 2.11 万平方千米 1 个机场,全国平均为每 3.84 万平方千米 1 个机场。

---

①　王云访、滕挥云、赵颖:《新型城镇化建设与机场网络化发展:中小机场的战略价值》,《综合运输》2017 年第 2 期,第 16—22 页。

### 3.3.2.3 体系结构仍需优化

现有机场层次不够清晰,功能结构有待完善,难以适应我国经济社会发展,以及进一步扩大对外开放、新型城镇化建设的需要。如珠三角机场群包括香港、澳门、广州、深圳、珠海五大国内重要机场,是我国航空运输不可或缺的一部分。但目前来看,矛盾和问题极为突出,各个机场未能充分协调分工,缺乏合理的定位。5 个机场在布局、规划和规模上缺乏统筹,跑道方位相互交错,机场进、离场航线相互交叉、穿越,空域资源极其紧张,同时各机场的市场腹地重叠,在客货源市场方面存在着激烈的竞争。2019 年 2 月,中共中央、国务院印发了《粤港澳大湾区发展规划纲要》,对大湾区主要机场的发展要求是:巩固提升香港国际航空枢纽地位,强化航空管理培训中心功能,提升广州和深圳机场国际枢纽竞争力,增强澳门、珠海等机场的功能,推进大湾区机场错位发展和良性互动。各机场战略定位的实现,有待于设立高层级的议事协调机构来推动。

### 3.3.2.4 保障能力有待提升

部分机场容量趋于饱和,现有设施能力已不能适应发展需要。繁忙机场和繁忙航路的空域资源紧张,航班运行受限、延误增加,影响了机场设施及其系统效能的充分发挥。

## 3.3.3 京津冀机场群协同发展的示范意义

国家"十三五"规划明确提出,要建设京津冀、长三角、珠三角世界级机场群,这三大机场群将是我国机场业参与国际竞争的引领力量。其中,京津冀三地机场一体化协同发展在国家战略推动下已具备广泛的有利发展条件,获得了难得的历史机遇。从形成的历史脉络而言,京津冀世界级机场群协同发展是全球机场业的开创性事业,其共同发展的成功探索与实践不仅对国内其他机场群的发展具有借鉴意义,也为全球机场业的发展贡献中国智慧。

3.3.3.1　京津冀机场群的形成与特征

与国外适应多中心城市区域结构发展而形成的机场群不同,京津冀世界级机场群的发展状态是采用政企合作方式、吸收直辖市(省)机场集团聚合而成的。

(1)京津冀机场群的形成

①吸收天津滨海国际机场为成员机场,开启跨行政区运营发展模式

2002 年 12 月,根据民航行业管理体制改革的总体安排,民航总局(现中国民用航空局)在原北京首都国际机场集团公司、北京首都国际机场股份有限公司、天津滨海国际机场、中国民航机场建设总公司、金飞民航经济发展有限公司和中国民航工程咨询公司的基础上组建了首都机场集团公司,天津滨海国际机场以"无偿划拨"方式成为首都机场集团公司的成员机场。首都机场集团公司开启了机场运营管理跨行政区的"两场"发展模式。2002 年重组成立的首都机场集团公司如图 3-3-1 所示。

②对接国家战略,托管河北机场集团构建世界级机场群新格局

2014 年 2 月,习近平总书记在专题听取京津冀协同发展工作汇报时,要求把京津冀协同发展上升为重大国家战略,并明确把交通作为先行领域,为推动京津冀民航协同发展指明了方向。2015 年 6 月,中共中央、国务院印发《京津冀协同发展规划纲要》,标志着京津冀协同发展由"顶层设计"阶段转向"全面实施"阶段。在京津冀协同发展的大战略下,首都机场集团公司对接中央要求,于 2015 年 5 月托管河北机场集团,对京津冀机场群实行一体化管理,从而基本实现京津冀三地主要机场统一管理、一体化运营,构建起适应京津冀世界级城市群的京津冀机场群发展格局。

(2)京津冀机场群发展特征

①战略重心上,形成京津冀"三地四场"定位差异化

北京首都国际机场和北京大兴国际机场的定位是国际航空枢纽,

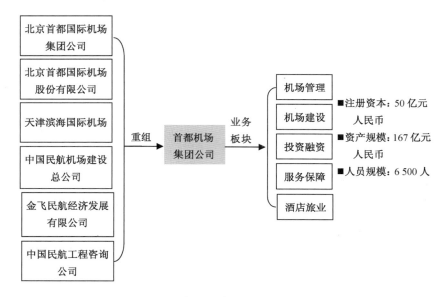

**图 3-3-1 2002 年重组成立的首都机场集团公司**

将成为具有国际竞争力的"双枢纽"机场格局。其中,北京大兴国际机场还将打造为京津冀区域综合交通枢纽。天津滨海国际机场的定位则是区域航空枢纽,同时也是我国国际航空物流中心,石家庄正定国际机场则定位为区域枢纽机场。

②空间布局上,呈现相邻的多核发展状态

以北京"一市两场"为核心的京津冀"三地四场"机场群,在地理空间上与区域经济一体化发展趋势上相一致,存在着天然的空间联系与经济社会联系。京津冀"三地四场"中,北京(京)两机场是核心,天津(津)滨海国际机场与石家庄(冀)正定国际机场又是所在直辖市(省区)的核心。

③管理上,地方政府对成员机场有自己的利益诉求

虽然在运营体制上,京津冀的主要机场实现了一体化,但因地方政府承担着行政区内机场规划建设投资的主体责任,对成员机场发展拥有相应的话语权,对成员机场带动地方经济社会发展有自己的期盼与要求。首都机场集团公司对京津冀成员机场经营责任的差异如图 3-3-

2 所示,首都机场集团公司与地方政府对京外成员机场的权责划分如表 3-3-2 所示。

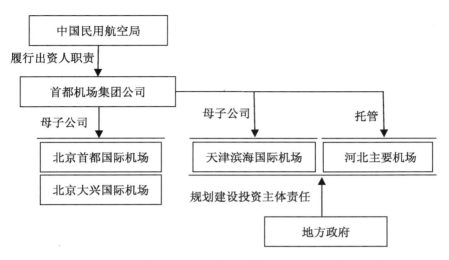

图 3-3-2　首都机场集团公司对京津冀成员机场经营责任的差异

表 3-3-2　首都机场集团公司与地方政府对京外成员机场的权责划分

| | 集团公司的权责 | 地方政府的权责 |
|---|---|---|
| 经营权利 | "人、财、物"权<br>资源与业务重组权<br>视作子公司管理 | 不直接参与经营管理 |
| 经营责任 | 经营责任<br>安全责任<br>管理责任 | |
| 投资责任 | 流动资金<br>日常运营资本性投入 | 基础建设 |
| 其他权责 | | 财政补贴与税收优惠<br>土地等其他利益补偿<br>国有资产审计 |

　　根据京津冀机场群的形成历程与发展特征,京津冀机场的协同发展还需要在前进中解决两个问题:如何根据国家定位在运营实践中实

现机场群内多核机场之间发展的差异化与平衡？如何实现地方政府和成员机场在机场群共同发展中的获得感？

（3）京津冀机场群协同发展的成效

①不断深化京津冀世界级机场群协同发展

首都机场集团公司落实民航局《推进京津冀民航协同发展实施意见》，持续完善实施方案，已经构建了京津冀机场群协同发展的"四梁八柱"：建立了领导机制和工作机制；明确了总体思路和发展目标；形成了发展规划和工作举措；优化了功能定位和机场网络。围绕建设世界级机场群，首都机场争取每年释放2%国内航线时刻资源，打造首都机场国际专线、国内快线，继续提升国际枢纽竞争力；深化天津滨海国际机场"北京空中新通道"建设，完善石家庄正定国际机场"旅游新线路"功能，提升天津滨海国际机场、石家庄正定国际机场区域枢纽作用。

京津冀机场群协同发展取得明显成效，京津冀地区航空市场结构持续优化。北京首都国际机场国际运量增速明显快于国内运量，天津滨海国际机场、石家庄正定国际机场总运量增速明显快于北京首都国际机场：2017年，北京首都国际机场国际（含地区）旅客占比达26.8%，提高0.9个百分点；天津滨海国际机场近3年旅客吞吐量年均增长率达18.9%；石家庄正定国际机场开始成为京津冀的"旅游新门户"，2017年旅客吞吐量增长32.8%，其中低成本航空运送旅客占总量近四成；三地机场旅客吞吐量占比从2013年的84.7∶10.2∶5.2优化为2017年的75.1∶16.5∶8.4。

②带动石家庄正定国际机场迈入千万级机场行列

2015年5月，河北机场管理集团交由首都机场集团公司委托管理后，在首都机场集团公司规范化、专业化管理的指引下，抓住融入京津、服务北京的历史契机，提出了打造"经石进京"航空旅游新线路和京津冀航空旅游集散中心的目标，借势借力提升了石家庄正定国际机场整体实力和发展水平，一方面落地航空大众化战略举措，实现与京津机场错位发展；另一方面不断完善集疏运体系，通过构建干支结合的航线网和四通八达的地面交通网络，承接北京首都机场疏解的非国际枢纽功能。2018 年 11 月,石家庄正定国际机场旅客吞吐量突破 1 000 万,至此,京津冀机场群中运营的主要机场全部跨入千万级行列。

（4）京津冀机场群协同发展的示范意义

①管理+赋能带动的协同发展模式

管理+赋能带动的发展模式是指在原有行之有效的管理架构和管理实践基础上,首都机场集团公司培育共同发展的良好生态系统,构建共同发展的持续动力机制,让具有行政区划烙印的成员机场具有组织弹性,整体产生非线性结构的力量,关注变化、关注适应性,通过提供更好的发展平台与激励机制,赋予成员机场在服从全集团总体战略的前提下适应自身发展环境所需的能力和能量,不仅使成员机场自身得到发展,同时也能够壮大京津冀世界级机场群,既有各个机场的独立发展,又能在整个系统内形成协同。

管理+赋能带动的协同发展模式注重成员机场所在行政区资源禀赋以及经济社会条件的不同,能够关注发展环境的微观差别,可以实现集团公司与成员机场之间"个体价值"与"整体价值"的转换及其平衡,在管理模式没有突破的条件下,最大化地满足地方政府发展民航的获得感。

②调整深化收费改革,发挥价格杠杆作用

《民航局关于推进京津冀民航协同发展的意见》提出,要深化机场收费改革。扩大机场航空性业务收费浮动空间,放开非航空性业务竞争环节收费,支持京津冀机场根据自身功能定位、发展战略、资源条件和市场供求关系,执行差异化的机场收费标准。根据京津冀机场协同发展的需要,建议加快机场收费价格改革,适当提高北京国内航班收费标准,充分发挥价格杠杆作用,用市场手段加快调整京津冀地区航线航班布局。积极探索可复制可借鉴的经验,推广到其他机场群。

③着眼区域协同共赢,超越行政区划管理

突破行政区划束缚,发挥各地比较优势,促进民航资源合理配置,深化区域协同合作。首都机场集团公司正积极推进与国家京津冀协同发展领导小组紧密对接,由有关部委和北京市、天津市、河北省成立跨省(直辖市)、跨部门民航发展协调机构,定期分析研究和协调解决区域民航发展重大问题,及时推动落实重点任务和工作目标,努力实现京津冀地区民用航空资源统一调度、空域统一管理、发展协同共赢。

④创新经济调控政策,集中统一管理跨行政区机场群

中央、民航局和各省(直辖市)的政策和支持,是跨行政区机场群实现协同发展的前提条件。首都机场集团公司参照纽约-新泽西港务局的机场群管理模式,结合京津冀机场群发展实际,通过立法方式或者各省(直辖市)之间形成战略合作协议,赋予首都机场集团公司在制定规则、收购机场、土地开发、收费定价、发行债券、资金融通、综合交通等方面,享有航空经济政策调控权,不断提高京津冀机场群整体运营效率,为打造世界级机场群创造良好政策环境。

# 第4章
# 城市群对机场群发展的
# 决定作用

与城镇化过程相伴,我国机场发展也处于增量上升期。截至2018年年底,我国运输机场总数达235个,根据2018年11月中国民用航空局印发的《新时代民航强国建设行动纲要》规划的战略目标,到2035年,我国运输机场数量将达450个左右,地面100千米覆盖所有县级行政单元。

城市群的发展跟机场群的发展有一些共性的特征。一是拥有数量众多的机场,并且有一两个全球领先的大型枢纽机场,如东京、伦敦等;二是城市群中的核心城市拥有多个机场;三是机场群与城市群发展的层级结构是基本吻合的;四是机场体系主要依靠跨行政区域的其他交通方式跟其他的协调组织机构来协调相互间的运营管理关系;五是机场群的机场在功能上朝着其所在城市的经济发展方向来发展其航空产业。

在城市群背景下,机场的空间关系、功能定位、航线网络构建等将不同于单个城市独立发展的城市化阶段,这些新的发展变化将成为我国机场发展的新趋势。

# 4.1 新型城镇化对机场发展的影响要素

构建与新型城镇化目标相一致的运输机场体系,受到城镇人口规模、综合交通体系、土地资源、环境条件、社会经济发展、区域产业结构、自然地理条件等众多要素的影响或制约。

## 4.1.1 城市人口增长扩大航空运输需求规模

城市人口是机场体系构建的基础。虽然人口的城镇化不能直接转化为机场的业务量,但机场辐射区域的人口是航空运输的潜在需求。除国家战略或特定的社会需求外,要不要建机场,建多大规模的机场,首要的就是考虑区域人口因素。因此,在新型城镇化背景下研究机场体系构建,城镇人口尤其是在城镇化过程中新聚集的人口以及人口的消费需求是基础要素。

根据国家新型城镇化规划,到 2020 年我国城镇常住人口将达 8 亿人以上,中等收入人群为 6 亿人左右。截至 2017 年,我国常住人口城镇化率达 58.52%,城镇常住人口已达 8.1 亿人。可以预计,在未来一段较长时期内,我国城镇化仍将处于发展上升期。到 2030 年,预计常住人口城镇化率达 70%,城镇常住人口达 10.15 亿人。对于航空运输来讲,这既是一个巨大的发展空间,更需要相应的机场设施提供运输保障。

因城镇化而引发的城镇人口规模不断扩大,致使交通运输需求保持较快增长。

旅客交通需求将持续增长。随着国民经济的持续快速增长和城镇化水平的不断提高,人口不断向城镇集聚,将有超过 3 亿农民转变为城镇居民,城镇人口的迅速增长,城镇社会经济活动不断增强,以及城镇居民交通消费比重的不断加大,势必带来国际、区际、城际、城市、城乡交通需求总量的快速增长;同时居民出行需求更加多样化、高频率、高层次,对交通服务的安全性、快捷性、舒适性提出更高的要求和需求。

　　城市群的形成和发展可催生大量的运输需求。随着新型城市群的不断发展,城市群间、城市群内部各城镇间的人流、物流总量规模不断扩大,对交通运输的需求随之进一步增加,从而为交通运输的发展提供更为广阔的市场基础。

## 4.1.2　城市群推动城市对外交通区域化

　　在城镇化上升发展过程中,城市群将推动城市对外交通组织不断趋向区域化,新型城市群的构建对交通运输提出了新的更高要求。

　　城际交通更为繁忙与复杂。新型城市群之间以及城市群内部城际间的干线交通将更为繁忙。交通需求进一步在几个核心城市群之间以及城市群内部城际集中,集中表现在连接核心城市群的主要通道交通流量快速增长,城市群内部各城市功能组团和产业功能组团间主要干线上的交通联系更为繁忙和复杂。

　　对城际交通的要求不断提高。随着城市群的不断发展以及经济社会的不断进步,一方面,中心城市与周边中小城镇的经济社会联系进一步强化,要求城际交通要充分发挥区域综合交通枢纽的作用;另一方面,对交通运输的安全质量和服务水平的需求也不断提高,从而促使城际交通在不断满足城市群客货运需求的过程中实现自身的快速发展与完善。

　　要求城市群交通地域平衡发展。我国城市群交通的发展水平与进程存在显著差异。以胡焕庸线①为界,东部地区经济发展水平较高,发展相对较成熟的长三角、珠三角、京津冀城市群综合运输网络无论是总体规模、模式的多样性,还是服务水平,都远远高于中西部地区。东部

―――――――――

　　① 胡焕庸线,即中国地理学家胡焕庸(1901—1998)在 1935 年提出的划分我国人口密度的对比线,最初称"瑷珲—腾冲一线",后因地名变迁,先后改称"爱辉—腾冲一线""黑河—腾冲一线"。胡焕庸线在某种程度上也成为我国城镇化水平的分割线。这条线的东南各省(自治区),绝大多数城镇化水平高于全国平均水平;而这条线的西北各省(自治区、直辖市),绝大多数城镇化水平低于全国平均水平。

地区综合交通运输体系已经初具规模,而中西部地区的综合交通运输体系建设水平相对落后,尚不能够满足未来城市群发展的需要。因此,交通运输的地域平衡是实现新型城镇化战略中以城市群为主体形态,推动大中小城市和小城镇协调发展的必然要求。

围绕"两横三纵"的城镇化战略格局,为发挥交通运输对城镇化发展的支撑和引导作用,国家统筹推进铁路、公路、水运、航空和城市交通基础设施建设。因此,机场布局要适应国家"大通道"交通体系建设,根据民航与铁路、公路、水运等其他交通运输方式的合理分工与统筹安排,与铁路、公路、水运以及相关城市交通相衔接,实现集疏运,建立综合交通运输体系。这种运输格局构建将促进城际交通逐步完善。

### 4.1.3  土地资源对机场发展的约束

发展是硬道理,硬发展没道理,发展这一硬道理要有前提、有约束,要戴上一个可持续的"紧箍咒"。随着城镇化、机动化的发展,城市受到更大的资源压力,相当部分城市已面临资源、能源的瓶颈,城市后续发展受到制约。总的来讲,城市的发展应该包含"发展"和"限制"两个方面的辩证关系。

城镇化进程是城市人口比重迅速提升、城市数量不断增加、城市规模不断扩大和城市质量不断提高的过程,资源供给是满足城镇化发展的客观要求。然而,资源危机已经成为我国城镇化发展的瓶颈,资源紧缺与资源浪费现象同时并存严峻考验着我国城镇化的可持续发展。

威廉·配第说:"土地是财富之母,劳动是财富之父。"在我们的生产与生活活动中,土地无疑是最重要的基础性自然资源。皮之不存,毛将焉附?

从土地资源来看,我国城市用地的巨大需求与可供土地的严重短缺的矛盾日益尖锐,土地资源的稀缺性非常突出。随着我国城镇化进程的加快,耕地面积越来越接近 18 亿亩($1.2 \times 10^6$ 平方千米)的"红线"。我国用地形势的严峻表现在:一方面,城市建设用地的紧张成了不少城市发展的最大难题;另一方面,当前城市建设中土地浪费现象普遍存在,城市的粗放式发展模式严重阻碍了城市综合质量的提高和功能的正常发挥,降低了城市的承载能力,影响了城镇化的健康发展。

　　我国耕地总量整体上呈递减趋势,除 2012—2013 年有略微增加(见图 4-1-1),与耕地占用相冲突的是我国实行严格的耕地保护,要严守 18 亿亩耕地的红线,要守护蓝天绿水青山。因此,城镇化发展不能走粗放式的规模化发展模式。

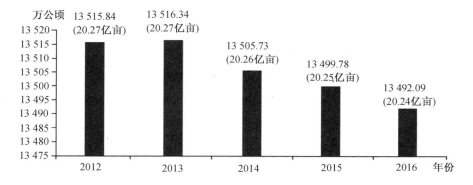

**图 4-1-1　2012—2016 年全国耕地面积变化情况**

资料来源:《2017 中国土地矿产海洋资源统计公报》,自然资源部。

　　城市的边界不可以无限扩大,空间无限扩大的城市集聚效率会下降,城市管理会困难,因此,城市发展必然面对土地稀缺性的约束,不能够通过无限扩大的城市行政地域来面对无限扩大的经济活动和人口。这样的结果一定是城市土地越来越稀缺,城市的土地使用成本会随着稀缺性的严重程度而上升。那些生产过程对土地依赖程度高的产业和依赖程度低的产业,土地成本上升会对其产生不同的影响,即能够适应土地稀缺的产业会持续集聚,不能够适应土地稀缺的产业就会退出。需要指出的是,这种因对土地使用成本敏感性不同而产生的产业集聚与退出现象,不是一次性的调整过程,而是受技术经济变化反复出现的过程,由此形成了城市集聚和扩散的动态演化。因而,我们便可以理解,因土地稀缺性的约束,单一城市是如何演化为多城市体系,城镇化是如何演变为城市群化的内在逻辑。

### 4.1.4 环境资源对机场发展的约束

如前所述,在加速城镇化的进程中,随着人们收入水平和生活质量的提高,人们的出行需求将呈现多样、多频率、多层次的特点,这就必然要求有适应新型城镇化发展的航空运输体系与之相匹配。而航空运输发展与城镇化建设一样面临环境的约束。我们以欧盟航空减排指令为例对此进行分析。

为解决全球温室气体排放浓度问题,世界上首部为全面控制温室气体排放的国际公约《联合国气候变化框架公约》于 1992 年在联合国总部通过。1997 年,《联合国气候变化框架公约》第三次缔约方大会在日本京都通过了《联合国气候变化框架公约京都议定书》,为发达国家和发展中国家分别设定减排目标;其制定的"共同但有区别的责任"原则,要求发达国家承担历史责任,先采取可行措施限制温室气体排放;同时,还建立了灵活的履约机制,允许发达国家通过碳交易市场来完成减排任务,发展中国家则可以从中获取有关减排的技术和资金支持。

国际航空的减排议题由于其特殊性没有被纳入《联合国气候变化框架公约》及其《联合国气候变化框架公约京都议定书》的框架之中,但《联合国气候变化框架公约京都议定书》授权国际民用航空组织(ICAO)进行协调处理。

为履行《联合国气候变化框架公约京都议定书》设定的减排义务,欧洲议会与欧盟理事会共同发布了《2003 年排放交易指令》(2003/87/EC),要求欧盟各成员国将相关的温室气体排放管控规定内国法化,并向欧盟执行委员会提交温室气体排放的国家分配计划,确保所有纳入管控对象的设施均拥有成员国主管机关核发的温室气体排放许可,并依据国家分配计划向设施营运者核配排放许可量。由此,欧盟正式建立 EU ETS,于 2005 年 1 月 1 日起在欧盟 25 个国家内开始分阶段执行与运作,涉及的产业包括电力、石油加工、钢铁、水泥等 10 个部门,目标是到 2020 年欧盟温室气体排放量比 2005 年降低 21%。

2006 年 12 月,欧盟委员会提议将 EU ETS 扩大适用于民用航空业。2008 年 11 月,欧盟理事会以航空排放指令方式通过该提议,并于 2008 年年底正式生效。2008 年航空减排指令自 2011 年始,适用于所有在欧盟境内营运的航班,2012 年扩大适用于所有进出欧盟的航班,即飞往、飞经、飞离欧盟成员国机场的航空公司不论是否是欧盟籍航空公司,都要为其排放的温室气体付费,航班碳排放计算数量是基于全程而非仅从进入欧盟成员国领空开始至降落于欧盟成员国机场止。从 2013 年 1 月 1 日起正式开始付款,否则将面临巨额罚款甚至被停航。自此,欧盟建立了区域性国际航空碳排放交易制度。

客观而言,欧盟航空减排指令不失为一种先进的、具有前瞻性的思路,在推动国际航空减排方面有积极作用。然而,国际航空减排是一个世界性问题,欧盟作为一个区域性组织试图解决这一多边问题,并以其区域性单边规则意欲推行于全世界,缺乏法律根基,是不可行的。

2013 年 4 月 25 日,欧盟《官方公报》公布了欧洲议会和欧盟理事会 24 日通过的有关停止对非欧盟国际航班征收碳排放税的决定,确定 2014 年 1 月 1 日前不对未遵守“欧盟航空碳排放交易指令”的国际航空公司采取任何行动。[①] 该决定自公布之日起生效,自通过之日起适用,从而为这一在气候变化领域沸沸扬扬吵闹了多年的欧盟单边措施画上了一个休止符。

航空碳税是欧盟在全球议题和国际法所涉事务上首次采取单边行动,是转型中的欧洲追求全球抱负的一次重要尝试。

EU ETS 使人们再次广泛认识到环境成本必将会成为企业的“硬”约束。一直以来,航空安全始终是民航业头等重要的议题。而航空排放交易引发的广泛关注、思考与行动,乃至于对国家 GDP、人们出行方式、国际贸易格局等带来的全新变化与冲击,致使民用航空温室气体排放问题在未来势必被提升到与航空安全同等重要的地位。

EU ETS 的推行,使大气环境不再免费或低成本被使用与影响。碳

①　See Decision No 377/2013/EU of the European Parliament and of the Council of 24 April 2013 Derogating Temporarily from Directive 2003/87/EC Establishing A Scheme for Greenhouse Gas Emission Allowance Trading within the Community, OJ L 113, 25. 4. 2013, p. 1-4.

排放额将会成为包括航空公司在内绝大多数社会企业的一项重要资产或负债,企业将把环境成本置于成本控制的范围之内,环境成本问题会愈发变得像企业的生产、销售一样,在企业的日常运营和战略规划中凸显重要地位。

### 4.1.5 影响机场规划建设的其他要素

#### 4.1.5.1 城市群与机场规划建设

新型城镇化以城市群为主体形态,城市群的出现将对我国机场版图产生重大改变。新型城镇化带来城市结构变化的主要表现是大型城市群的出现和中小城镇的增加以及它们之间日益密切的网络联系。大型城市群需要规划建设大型枢纽机场,构建通达性更强的枢纽航空网络体系。中小城镇则需要更多的支线机场和通用机场来实现对外交流。因此,在新型城镇化背景下,机场建设的重点是培育由枢纽、干线和支线机场组成的有机衔接,客、货航空运输全面协调,大、中、小规模合理的机场群,在不同的需求水平上提升机场服务城市群的整体功能。

#### 4.1.5.2 城市产业结构与机场规划建设

与城市群发展同步的产业升级和现代服务业的发展,使得小批量、高价值、高频次的货物运输需求快速增长;同时,城市土地和资源环境的压力,迫使产业向园区集聚,推动物流作业的园区化,必定促进航空物流的快速增长。因此,积极寻找区域经济的增长点、促进产业升级至关重要。机场除了发挥交通基础设施的重要作用之外,还要发挥带动相关产业发展,进而成为区域经济增长极的作用。

#### 4.1.5.3 城市服务功能与机场规划建设

机场作为公共基础设施,已成为城市重要的配套资源,提高航空运输服务的便捷性和覆盖率,有利于强化机场作为公共基础设施内含的公平性与公益性等功能。在现代社会,机场的社会保障作用明显加强,已成为国家应急救援体系的重要组成部分。一个城市规划建设机场、确定机场功能定位,在某种程度上取决于城市所彰显的服务功能的需要。因此,城市规划布局机场要优化配置交通运输资源,充分利用好地面资源(如既有军用机场实施军民合用)和空中资源(空域、航线、航路等),提升城市服务功能,这是机场建设应有的社会使命。

#### 4.1.5.4　城市地理条件与机场规划建设

城市的地理位置也是决定机场布局与定位的重要因素。城市的地理区位如何,是属于经济文化中心还是偏远地区,在城市分类中是大城市还是小城镇,都是决定要不要建设机场和建设什么样的机场的重要考量要素。城市进行机场布局规划与建设,要保障建设空间有机整合,使空间开发符合地域资源禀赋和承载能力,实现城市内部社会、经济和自然效益的整体最优。

## 4.2　新型城镇化战略对民航发展的具体影响

### 4.2.1　新型城镇化为民航业创造更多的市场需求

新型城镇化发展的动力成因、布局形态、发展态势,以及人口和产业的集聚分布,都将引发新的民航运输需求。

#### 4.2.1.1　新型城镇化将催生大量的航空客运需求

新型城镇化是人口的聚集,城市人口的增加势必带来航空消费人群的扩大。我国城镇化水平目前还明显偏低,未来城镇化快速发展还将持续一个较长的时期。按照与我国收入水平相当的国家,以到 2020 年 60% 左右的城镇化水平来测算,预计今后每年我国将有 1 000 万左右的人口转移到城镇,这意味着一个巨大的发展空间,将会引起社会经济结构、城镇空间布局、人们生活方式以及思想观念等一系列深刻的变革,也将会对交通运输需求产生重大的影响。随着城镇化的深入发展,城镇人口迅速增加,居民收入和消费能力也将不断提高,势必产生更多的航空客源,以充分释放航空运输需求的潜力。2018 年,我国的人均乘机次数为 0.45 左右,预计到 2020 年人均乘机次数将提高到 0.5 左右,未来仍存在较大提升空间。

### 4.2.1.2 新型城镇化将催生更多的航空货运需求

随着新型城镇化水平的不断提高,产业集聚作用日益显现,产业园区发展迅速,因而在经济全球化的大背景下,我国的新型城镇化战略也将推进区域经济的一体化,国内与国际、城市群与城市群、城市群内、城乡间的经济交流将日益密切,货运交通运输需求也将更加旺盛。

### 4.2.1.3 新型城镇化推动航空产业发展

我国是全球航空运输的第二大国,但民航产业规模并不大,航空经济发展总体上还处于初级阶段,城镇化战略的推进,特别是以大城市为依托的城市群的建设,需要有利于相关高端制造业以及商贸、旅游、金融、会展等服务业的大发展,对于促进民航上下游产业联系,对做大做强航空经济具有重要推动作用和牵引效应。

## 4.2.2 新型城镇化要求航空运输发展结构与其相适应

我国的新型城镇化发展战略,无论是内涵还是战略目标体系,均对我国的社会结构、经济结构、居民消费结构乃至社会组织结构产生深远影响,因此也必将引发民航发展结构与之相应变化。我国未来新型城镇化发展,必将改变民航业的发展战略格局,具体包括以下几个方面。

### 4.2.2.1 构建多层次航空网络体系

"两横三纵"的城市化战略格局即以陆桥通道、沿长江通道为两条横轴,以沿海、京哈京广、包昆通道为三条纵轴,引导形成若干新的大城市群和区域性城市群,形成多元、多极、网络化的城市化格局。

互联互通、层次分明的综合交通体系是解决这一城市网络群之间、城市群内部、城市群面向世界的外部连接问题的重要交通方式。相应地,应构建以国际枢纽机场和国内干线机场为骨干,支线机场和通勤机场为补充的覆盖国内、连接国际、辐射全球的航空运输网络体系;加强干线、支线衔接和支线间的连接,提高中小机场的通达性和利用率;以老少边穷地区和地面交通不便地区为重点,采用满足安全要求、经济适用的运营飞机,实施基本航空服务计划;积极发展多式联运(空铁联运、空地联运),发挥航空运输优势,强化机场作为城市群区域性的综合交通枢纽建设。

### 4.2.2.2　加大通用航空发展力度

城镇化需要建立完整的市政配套设施、安全的保障体系,以及能够连接偏远、落后地区的通勤服务体系,相应地也将催生商务旅行、应急救援、生产作业等通用航空需求。因此,新型城镇化战略要求在未来的通用航空中大力发展以公共服务为主要内容的通用航空服务。

### 4.2.2.3　多层次、差异化、个性化的航空服务

在新型城镇化发展进程中,将会带来各种不同的航空消费需求与市场,民航业除了要充分发挥其作为公共基础服务行业的作用外,还应兼顾市场性与公益性,践行大众化发展战略,努力打造高效与公平的公共航空运输体系,向发展普遍航空服务和低成本航空倾斜,并积极发挥通用机场或通勤机场在运输航空功能中的作用,满足人民日益增加的多元化出行需求。

### 4.2.2.4　加大旅游航班的开发

新型城镇化战略的一个工作重点是发展具有特色资源、区位优势的小城镇,要通过规划引导、市场运作,把这些小城镇培育成文化旅游

特色城镇,并加强旅游服务网络建设。这一举措势必带来旅游客流的增长,需要加大力度推动发展相关地区的旅游航班,依据具体需求建设新的航运网络以适应这种发展趋势。

#### 4.2.2.5　航空经济更快发展

加快航空产业发展,对我国实现城镇化目标意义重大。航空经济是以机场枢纽为依托,以现代综合运输体系为支撑,以提供高实效、高质量、高附加值产品和服务,并参与国际分工为特征,吸引航空运输业、高端制造业和现代服务业聚集发展而形成的一种新的经济形态。在这种经济形态中,民航运输是基础和纽带。因此,加快发展民航运输产业,带动航空经济发展,进而促进现代产业的集聚,支撑广大城市经济转型和新型城市特色发展,是新型城镇化战略的必然要求。

### 4.2.3　新型城镇化对民航业提出直接要求

《国家新型城镇化规划(2014—2020 年)》第四篇"优化城镇化布局和形态"第十三章"强化综合交通运输网络支撑"明确提出新型城镇化背景下"综合交通运输网络"支撑各类城市群发展的具体部署与要求。该规划强调,要"完善综合运输通道和区际交通骨干网络,强化城市群之间交通联系,加快城市群交通一体化规划建设,改善中小城市和小城镇对外交通,发挥综合交通运输网络对城镇化格局的支撑和引导作用"。新型城镇化对民航业提出的要求具体如下。

#### 4.2.3.1　对航空服务人口的要求

《国家新型城镇化规划(2014—2020 年)》明确要求,到 2020 年"民航网络不断扩展,航空服务覆盖全国 90% 左右的人口"。依据我国民航局颁布的规划标准,"航空服务网络覆盖"指的是"在地面交通距离 100千米或 1.5 小时车程内能够享受到航空服务"。

在"十一五"规划末期,我国民航实现了对全国 76% 人口的航空服务覆盖,2008 年颁布的《全国民用机场布局规划》确定 2020 年航空服务要覆盖全国 82% 的人口。因我国民航发展快速,总量增长迅猛,到 2015 年就实现了对全国 83% 人口的航空服务覆盖,提前五年实现了《全国民用机场布局规划》确定的规划目标。

2012 年 7 月,国务院颁布《关于促进民航业发展的若干意见》,明确了民航业到 2020 年的发展目标为"经济社会效益更加显著,航空服务覆盖全国 89% 的人口"。综合考虑目前的民航发展速度,以及新型城镇化进程中人口向现有城市的集聚速度,到 2020 年,我国民航有望实现对全国 90% 人口的航空服务覆盖。

### 4.2.3.2　对完善综合交通运输网络的要求

《国家新型城镇化规划(2014—2020 年)》要求"完善城市群之间综合交通运输网络",要"加强东中部城市群对外交通骨干网络薄弱环节建设,加快西部城市群对外交通骨干网络建设",支撑国家"两横三纵"的城镇化战略格局。这就要求民航发展要综合考虑修编的《全国民用运输机场布局规划》颁布后的我国经济发展的实际情况,结合《全国主体功能区规划》中对主体功能区的划分,按照《全国主体功能区规划》的要求,满足新型城镇化对城市群对外交通的需求,查找城市群对外航空运输的"短板",优化机场布局,完善航空网络,发挥航空运输快捷、方便、舒适、安全的比较优势,满足城市群在国际交往、对外贸易、出入境旅游方面的需求,强化航空运输在城市群之间快速运输的重要作用。

### 4.2.3.3　对建设综合交通枢纽的要求

《国家新型城镇化规划(2014—2020 年)》要求"建设城市综合交通枢纽",优化布局,提升功能,加强"多种交通方式的衔接,完善集疏运系统与配送系统,实现客运零距离换乘和货运无缝衔接"。这就要求民航发展规划要注意建设以机场为中心的"新型综合交通枢纽"。

早在 2007 年,国家发展改革委颁布的《综合交通网中长期发展规划》就以 2020 年为规划目标年,提出了综合交通枢纽的建设方案,促进各种交通运输方式的优化、衔接和协调,使各种交通运输方式从局部最优上升到整体最优,并明确该规划是指导各种运输方式发展规划的依据。

2013年3月,国家发展改革委印发《促进综合交通枢纽发展的指导意见》,进一步明确了综合交通枢纽发展的基本原则为"布局合理、衔接顺畅、服务便捷、集约环保"。该指导意见明确要求要加强以客运为主的枢纽一体化衔接,民用运输机场应尽可能连接城际铁路或市郊铁路、高速铁路,并同站建设城市公共交通设施。具备条件的城市,应同站连接城市轨道交通或做好预留。视需要同站建设长途汽车站等换乘设施。有条件的鼓励建设城市航站楼,要完善以货运为主的枢纽集疏运功能。民用运输机场应同步建设高等级公路及货运设施。强化大型机场内部客货分设的货运通道建设。

2015年,国家发改委、交通运输部联合颁布的《城镇化地区综合交通网规划》指出,我国"枢纽一体衔接不畅。综合交通枢纽布局与城镇化空间格局不尽协调,核心城市枢纽衔接平台功能不强,城际交通与区际交通、城市交通之间衔接不畅,能力匹配不够"。

因此,《城镇化地区综合交通网规划》要求建设以综合交通枢纽为支点的多节点、网格状、全覆盖的快速城际交通网。京津冀地区以北京、天津、石家庄、唐山、秦皇岛等为支点;长三角地区以上海、南京、杭州、合肥、宁波等为支点;珠三角地区以广州、深圳、珠海等为支点;长江中游地区以武汉、长沙、南昌等为支点;成渝地区以重庆、成都等为支点;海峡西岸地区以福州、厦门等为支点;山东半岛地区以济南、青岛等为支点;哈长地区以哈尔滨、长春等为支点;辽中南地区以沈阳、大连等为支点;中原地区以郑州为支点;东陇海地区以连云港、徐州等为支点;关中-天水地区以西安为支点;北部湾地区以南宁、海口、三亚等为支点;太原地区以太原为支点;滇中地区以昆明为支点;黔中地区以贵阳为支点;呼包鄂榆地区以呼和浩特、包头、鄂尔多斯、榆林等为支点;兰州-西宁地区以兰州、西宁等为支点;天山北坡地区以乌鲁木齐为支点;宁夏沿黄地区以银川为支点;藏中南地区以拉萨为支点。

在全国范围21个城镇化地区,在多节点、网格状、全覆盖的快速城际交通网中,规划建设规模较大的机场枢纽见表 4-2-1。

表 4-2-1　我国综合交通网规划中机场枢纽工程

| 城镇化地区 | 机场枢纽 |
|---|---|
| 京津冀地区 | 建设北京新机场、承德机场、邢台军民合用机场等,建设北京终端管制中心,推进唐山、张家口、邯郸机场改扩建工程 |
| 长三角地区 | 建设芜宣、蚌埠、滁州、宿州、亳州机场,改扩建上海浦东、上海虹桥、合肥、宁波机场,实施嘉兴机场军民合用改扩建工程 |
| 珠三角地区 | 改扩建广州、深圳机场 |
| 长江中游地区 | 建设黄冈、荆州、岳阳、娄底、抚州机场,改扩建武汉、长沙机场,研究建设专业化货运机场 |
| 成渝地区 | 建设成都新机场和乐山、巫山、武隆机场,迁建宜宾、泸州、达州机场,改扩建重庆机场 |
| 海峡西岸地区 | 建设厦门新机场和三明、漳州、莆田机场,改扩建福州、温州机场 |
| 山东半岛地区 | 建设青岛新机场和聊城机场,研究迁建潍坊机场 |
| 哈长地区 | 建设松原、绥芬河机场,迁建延吉机场,改扩建哈尔滨、齐齐哈尔、长春机场 |
| 辽中南地区 | 建设大连新机场、营口机场,迁建锦州机场,改扩建沈阳桃仙机场 |
| 中原地区 | 建设安阳、鲁山机场,改扩建郑州、洛阳机场和商丘军民合用机场 |
| 东陇海地区 | 迁建连云港机场,改扩建临沂机场 |
| 关中-天水地区 | 改扩建西安咸阳机场,研究迁建天水机场 |
| 北部湾地区 | 建设玉林、琼海博鳌、儋州机场,改扩建海口、南宁机场,研究迁建湛江、三亚凤凰机场 |
| 太原地区 | 建设五台山机场 |
| 滇中地区 | 改扩建昆明机场 |
| 黔中地区 | 建设仁怀机场,改扩建贵阳龙洞堡机场 |
| 呼包鄂榆地区 | 建设乌兰察布、府谷机场,迁建呼和浩特机场,改扩建榆林机场 |

续表

| 城镇化地区 | 机场枢纽 |
|---|---|
| 兰州-西宁地区 | 改扩建兰州、西宁机场,研究建设海南共和机场 |
| 天山北坡地区 | 改扩建乌鲁木齐机场 |
| 宁夏沿黄地区 | 改扩建银川机场 |
| 藏中南地区 | 改扩建拉萨贡嘎、林芝机场,研究拉萨新机场建设 |

资料来源:国家发改委、交通运输部:《城镇化地区综合交通网规划》,2015 年。

以机场为核心的综合交通枢纽,不仅能够提高城市在综合交通运输体系中的地位,同时还能吸引相关产业集聚,形成航空城,为城市经济发展发挥更重要的作用。机场未来的发展方向是建成城市区域性综合交通枢纽。这就要求在建设以机场为中心的综合交通枢纽时,注意优化场站布局、提高机场枢纽的集中度和综合性,完善机场的功能分工,规划建设机场时就注意建立与铁路、公路等客运枢纽联通的快速通道;要注意建立以公共交通为主导的客运衔接网络,加强轨道交通等大容量快速交通方式与大型机场的衔接,有条件的大型国际机场,可以建设大型综合立体化客运枢纽。

### 4.2.3.4 对改善中小城镇交通条件的要求

《国家新型城镇化规划(2014—2020 年)》明确提出"改善中小城市和小城镇交通条件",要加强中小城市和小城镇与交通枢纽城市的连接,"改善交通条件,提升服务水平"。这给民航业今后的发展提出了新的要求,也为支线航空和通勤航空打开了广阔的发展空间。与铁路、高速公路相比,支线航空、通勤航空在解决中小城镇对外快速交通连接方面更能起到独特的重要作用,对于中西部广大边远地区,鉴于铁路和高速公路建设投资大、周期长以及自然地理条件的限制,现阶段可以充分利用航空网络的优势,修建支线机场、通勤机场,快速有效解决中小城市的通达性问题。

在新型城镇化进程中,相较于铁路和高速公路的建设,支线航空和通勤航空在效率上也具有明显优势:一方面,支线机场建设周期短、布点快、针对性强,只需 1~2 年即可建成达到通航条件;另一方面,一个支线机场只需适当的运力投入,就可以与已有的国家干线航线网络对接,利用联程中转的运作模式,可以实现全国各地快速通达。这就要求民航要加强支线与干线机场、支线与支线机场间的连接,以老少边穷地区和地面交通不便地区为重点,提高中小机场的通达性和利用率,解决中小城镇对外快速联通问题。

### 4.2.4　新型城镇化对机场布局的影响

新型城镇化对城市集群化发展提出更为迫切的要求,通过城市群化、城市带化、都市圈化等发展模式,区域城市间的人流、物流、信息流等交换量更大、更频繁,城市间的经济联系更为密切,对我国机场版图产生重大改变,催生出服务城市群的机场群。

机场群未来发展将呈现综合化、规模化的特点,构建干线与支线相配合,多机场分工协作的多层次、多样化的航空枢纽体系。

## 4.3　城市群建设提出机场群发展新课题

### 4.3.1　城市群需要与之匹配的机场群

城市群是机场群发育和成长的载体和环境。城市群发展与机场群发展相辅相成,城市群是机场群发展的动因,而机场群是城市群发展的一种物质形态,机场群发展是城市群发展的重要组成部分。

城市群建设的大环境,带来产业、交通、服务、政策等方面一体化统筹发展格局。城市群布局结构将由过去分散布局的城市体系状态,逐步演化为多中心网络化结构的城市网络,城市群内各城市依据其在区域城市网络中的联通能力和影响能力不同而具有不同的能级地位。城市群不仅决定了区域内机场群的数量特征,也决定了机场群的结构层次等质量特征。

城市群的空间发展结构通常具有两个空间特征,一是具有起到引领作用和核心地位的大都市,比如,京津冀城市群中的北京、天津,长三角城市群中的上海、南京、杭州,珠三角城市群中的广州、深圳等;二是核心都市的周边节点城市较为密集,且呈现均衡发展格局。城市的这种空间布局结构使我国的城市体系具有明显的网状特征,由过去分散布局的城市体系状态,逐步演化为多中心网络化结构的全国城市网络。各城市成为全国城市网络的一个节点,依据其在全国城市网络中的联通能力和影响能力不同而具有不同的能级地位。与此相适应,机场建设要重点培育国际枢纽机场、区域中心机场和门户机场,完善干线机场功能,适度增加支线机场布点,通过新增布点机场的分期建设和既有机场的改扩建,以及各区域内航空资源的有效整合,推动形成枢纽、干线和支线机场有机衔接,客、货航空运输全面协调,大、中、小规模合理的发展格局,提升机场群服务城市群的整体功能。

## 4.3.2　城市群决定机场群结构

城市群是机场群的基础和服务对象。城市群发展引发人口聚集,随着城镇人口迅速增加,居民收入和消费能力也将不断提高,这势必为民航带来更多客源;城市群发展推进区域经济一体化,城市与国际、城市群间的经济交流将日益密切,货运交通运输需求更加旺盛。因此,城市群发展是航空发展的基础,航空运输的基本功能就是满足城市区域经济社会对生产、生活的需求。

因历史、文化、竞争力等要素差异,在城市群中,每一城市的联通能力和影响能力不同,与之对应,各城市之间经济水平、空间结构和发展战略也表现出明显差异,导致各城市生产与生活要素流动的数量、方向和模式不同,最终决定了区域内各机场不同的功能、规模和空间布局。

凭借城市的能级地位,北京首都国际机场与北京大兴国际机场、上海浦东国际机场、广州白云国际机场分别成为京津冀、长三角、珠三角机场群的龙头机场,因此,城市群不仅在规模上决定了区域内机场群的数量,也在能级地位上决定了机场群的结构层次。龙头机场与机场群其他机场之间在发展上存在的差距构成了机场群的层级结构,层级结构则决定了每个个体机场在机场群中所处的层次和能够发挥的功能作用。

美国经济学家约翰·弗里德曼(John Friedman)提出的"核心-边缘"理论认为,区域从农业状态转变到成熟工业状态要经历从低水平均衡阶段向极化发展阶段、扩散发展阶段和高水平均衡阶段演变的四个阶段,区域结构也从"核心-边缘"结构向多中心结构演变,多中心结构是区域发展更加稳定、高级的结构模式。在城市间功能互动的过程中,城市群中除了核心城市以外,还有多个次中心城市,与这些次中心城市匹配的次核心机场随着与核心机场差距的缩小,次核心机场可以发展升级为核心机场,机场群层级结构发生改变,由单核机场群演化为多核机场群。由于核心机场在机场群中的重要性,核心机场的数量如果发生变化,不仅会改变机场群的层级结构,更重要的是还会改变机场群的整体发展格局。

### 4.3.3　城市群提出机场群互联互通新要求

新型城市群的出现需要构建新的机场群。城市群的发展反映在机场规划建设方面的要求是构建新的机场群。

城市群的布局结构使城市体系具有明显的网状特征,由过去分散布局的城市体系状态,逐步演化为多中心网络化结构的城市网络。各城市成为区域城市网络的一个节点,依据其在区域城市网络中的联通能力和影响能力不同而具有不同的能级地位。新型城市群催生的综合化、规模化机场群结构,一个重要标志是建立了枢纽、干线、支线与通用机场相配合的多机场分工协作体系。在此体系中,机场群内不同层级的机场为实现互联互通发展的诉求不同,如图 4-3-1 所示。

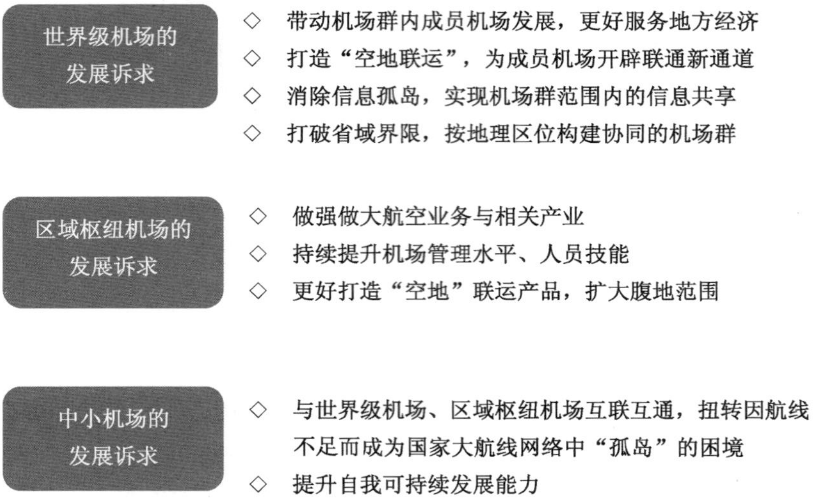

| 世界级机场的发展诉求 | ◇ 带动机场群内成员机场发展，更好服务地方经济 |
| | ◇ 打造"空地联运"，为成员机场开辟联通新通道 |
| | ◇ 消除信息孤岛，实现机场群范围内的信息共享 |
| | ◇ 打破省域界限，按地理区位构建协同的机场群 |

| 区域枢纽机场的发展诉求 | ◇ 做强做大航空业务与相关产业 |
| | ◇ 持续提升机场管理水平、人员技能 |
| | ◇ 更好打造"空地"联运产品，扩大腹地范围 |

| 中小机场的发展诉求 | ◇ 与世界级机场、区域枢纽机场互联互通，扭转因航线不足而成为国家大航线网络中"孤岛"的困境 |
| | ◇ 提升自我可持续发展能力 |

图 4-3-1　机场群内不同层级机场的发展诉求

# 4.4　城市群决定机场群的动态适应性

## 4.4.1　统筹机场群协同发展

在单个城市独立发展的城市化阶段,地域邻近的城市机场因辐射区域与吸引空间彼此重叠,机场之间的竞争关系远大于协作关系,难以主动协调相互替代和互补的特性。在城市群背景下,与高强度运输需求相对应,城市之间具有大容量的运输通道,呈现"点-轴"式的交通网络布局,这一布局因城市的分布排列不同而表现为网格状或带状,一体化的运输模式成为必然选择,以实现不同城市间的联系需求。因此,机场布局将经历从直接连接航线节点,到考虑枢纽衔接,再到差异化经营竞争,最后到一体化布局的过程,城市群区域的机场群朝着协同化的方向发展。

国内在机场群协同实践方面的先行者是京津冀机场群。首都机场集团公司根据国家发改委和民航局发布的《推进京津冀民航协同发展实施意见》,按照"目标一致化、定位差异化、运营协同化、管理一体化"的思路,统筹区域机场的发展,构建了北京、天津、河北三省(直辖市)航空枢纽协作机制,推进三地机场协同运行和联合管理,打造京津冀世界级机场群,构建适应京津冀世界级城市群的京津冀机场群发展新格局。

## 4.4.2　推动机场作为交通枢纽成为城市新功能中心

### 4.4.2.1　机场地区发展为城市的功能区

随着航空运输的发展以及航空运输与地域经济社会发展的互动,机场的规划与建设正随着人们对机场认识的改变而改变。那些相邻大型机场、位于机场辐射区域的城市空间,即机场地区,不仅为本地域航空运输提供基础设施的保障功能,而且对地域经济与社会发展产生多方位、多层次的作用与影响,已然发展成城市的新型功能区,人口、工业、服务业等在此集聚,演化为现代大城市的一种新空间形式——航空城。围绕机场的空间综合开发使机场由承担单一的交通功能向承担越来越多的城市功能转变。

城市群区域的机场地区通过不同功能设施的集中布局、土地等资源的集约高效利用,已经发展成城市经济发展格局中最具活力和潜力的核心地区之一,形成以机场为中心的极化经济效应,提升区域整体发展的效率和能级。围绕机场的综合体在城市以及城市群空间体系中由单一功能向更加清晰、辐射范围与服务覆盖作用更加突出的城市经济中心发展。机场一方面作为城市、区域的门户,另一方面作为交通枢纽融入城市、区域的综合交通体系,已由承担单一的交通转换功能,转变为开始承担越来越多的城市功能。近年来各地围绕机场风起云涌的临空经济区的建设便是例证。自 2013 年郑州空港经济综合实验区获批以来,我国临空经济示范区的建设在 2017 年达到了高潮,截至 2019 年

7月,全国获批的临空经济示范区总数已达到 14 个,包括郑州、北京两场、青岛、重庆、广州、上海虹桥、成都、长沙、贵阳、杭州、宁波、西安和南京等。

### 4.4.2.2 机场向综合交通枢纽转变

机场候机楼前的交通中心(枢纽)是城市群对外联系的重要节点之一,这个枢纽节点是航空运输与地面运输互联互通的"牛鼻子"。机场由重视空侧的空中交通转变为开始重视陆侧的地面交通,机场在航空枢纽的地位上又具有了综合交通枢纽的功能与使命,围绕机场的空地中转功能越来越强化,实现天网(航线网)与地网(地面运输网)的融合。我国新建或改扩建的大型机场无不重视规划建设候机楼前的交通中心,引入轨道交通,实现航空与其他交通方式的无缝衔接,顺应这一发展趋势。

围绕机场构建综合交通枢纽、推动联程服务是国家一项重要的交通发展方略,正日益受到全社会的普遍关注,推动实施的力度越来越大。2016 年,国家发展改革委印发《关于打造现代综合客运枢纽提高旅客出行质量效率的实施意见》明确,要在全国重要综合交通枢纽城市打造 50 个以机场为主的现代化、立体式综合客运枢纽,年吞吐量超过 1 000 万人次的机场,基本实现城市轨道交通等多种交通方式连接。2018 年 5 月,中国民用航空局与中国铁路总公司签署推进空铁联运战略合作协议,双方将在完善空铁联运基础设施、创新空铁联运产品、提升空铁联运服务、扩大空铁联运信息共享、推动空铁联运示范工程等 5 个方面展开合作,促进综合运输服务一体化发展。2018 年 11 月,中国民用航空局出台的《新时代民航强国建设行动纲要》提出,民航与综合交通深度融合,形成一批以机场为核心的现代化综合交通枢纽。

## 4.4.3 满足机场群建设投资需求

城市群的经济发展水平决定了区域内机场群建设的投资规模。一方面,城市群区域经济发展水平决定了区域航空需求的总量、结构和层次,也就决定了机场建设规模的总量、结构和层次;另一方面,以机场为核心节点的航空运输作为区域经济的重要子系统,是区域投资的重要方向之一。城市群的区域经济实力、交通技术水平和人口规模的大幅提升,能够为区域内机场改扩建、新建提供更多的资金、技术和劳动力支持,使区域内机场规模更为合理、技术等级更加先进、功能更加完善、组织更加协调。

# 4.5　城市群赋予机场发展新内涵

## 4.5.1　机场成为区域共享资源

城市群的发展使区域内的各系统之间形成一种融合发展的态势,机场不再只是为所在城市服务,而是为城市群提供服务,机场成为具有共享属性的区域资源。可以断言,共享机场将是我国城市群建设是否成功的一个标志。

共享机场在我国已非新事物,因地域相邻、发展诉求同向,已有相邻城市共享航空交通基础设施,这些地方政府对待机场“不求完全所有、但求能够所用”的发展理念无疑引领了机场业发展的一个崭新方向。

如果加以分类,目前我国的共享机场可以分为两大类:自然状态的共享机场和有机联系的共享机场。

自然状态的共享机场指的是,因地域邻近,区域内只规划建设了一座机场,在机场航空服务辐射范围内不同行政区共同使用这座机场,该机场便天然地具有了共享的功能,比如江西省的萍乡、新余与宜春三市共用宜春明月山机场。在我国已投运的机场中,这类共享机场比较多。虽然与拥有机场的行政区共用机场,但那些没有机场的行政区大多存在渴望建设自己所有的运输机场的航空梦,一旦梦想实现,腹地重叠的这些机场便基本上重复上演竞抢与分流客源的情形。

有机联系的共享机场在我国可细分为三种类型:第一种是地方政府共同投资合建的机场,如潮汕揭阳机场[①]、扬州泰州机场[②]、铜仁凤凰机场[③]等;第二种是结成共同使用的紧密关系,如苏州的 SZV 模式;第三种是与城市群相伴而生的机场群,如国家发展改革委、民航局发布的《推进京津冀民航协同发展实施意见》对北京首都国际机场、北京大兴国际机场、天津滨海国际机场和石家庄正定国际机场差异化功能定位,在实现京津冀世界级城市群主要机场跨行政区协同发展的同时也就界定了这些机场在区域内不同的共享功能。有机联系的共享机场在我国数量不多。

虽然共享机场并非我国民航业的新事物,但在多数城市群区域它还没有成为行政决策体系的主流价值判断,也没有成为城市群区域共治与共享体系内的普遍实践,区域内行政区之间围绕机场选址依然存在突出的矛盾与冲突,因而不可避免地会出现引起社会广泛关注的"广州第二机场"选址争议[④]。

快速交通网与新型城镇化的格局决定了机场已由行政区的机场转变为区域机场,如果地方政府还囿于维护地方利益,甚至不惜损害区域整体利益,终将使机场非良性竞争的区域性公共问题难以有效治理,而

① 《国务院、中央军委关于同意新建广东潮汕民用机场的批复》(国函〔1999〕16 号)确定,机场工程投资 20.65 亿元,由民航总局(现中国民用航空局)及汕头、揭阳、潮州三市各投入资本金 3 亿元,其余投资由民航总局及三市通过申请国内外贷款解决。

② 总投资约 20.81 亿元,由扬州、泰州两市按 8:2 比例投资合建。

③ 2008 年,湘西自治州人民政府、铜仁市人民政府和贵州省机场集团公司签订协议,共同推进铜仁凤凰机场改扩建项目,并承诺建设缺口资金由两地政府按 1:1 承担。

④ 2011 年,广东机场集团向外界透露,按照目前的客货吞吐量增长速度计算,广州白云国际机场不能满足未来需要,需要考虑建设第二机场。随即 2012 年在广州市十四届人大常委会第四次会议上,广州市长陈建华表示要着手开展广州南部第二机场规划研究,《南沙新区总体概念规划》也显示将在南沙区三民岛建设商务机场。然而,2013 年 10 月,佛山市委书记李贻伟表示佛山已经联合肇庆等粤西 5 市向省里提出在佛山高明建设新机场,并为此赴北京与民航局沟通。一时间,佛山是否建设新机场,"广州第二机场"到底选址何地众说纷纭,莫衷一是。

且会侵害城市群区域经济一体化内在的互利互惠原则,造成区域机场公共问题持续滋生的恶性循环。

改革开放以来,我国民航充分释放了发展潜力,运输机场发展已由大规模建设阶段转为调整结构、优化布局阶段。我国东中部地区快速交通网的规模与密度大、新型城镇化的发展水平高,是我国运输机场非良性竞争集中体现的地区。因此,新时代建设共享机场可以在东中部地区城市新建机场、迁建机场或"第二机场"中率先突破。

当机场由单一城市的"行政区资源"变为城市群的"区域资源",不可避免地具有了跨区域公共物品供给的属性时,突破资源共享与行政壁垒以及区域共荣与地方利益的矛盾,化解这种相悖的运行态势,就成为建设共享机场的关键问题。

共享机场作为跨区域公共物品的供给有赖于政府间的有效协调,其实质是由传统的行政管理关系转向各方平等参与和协商的区域共治。

如果地方政府对待机场不持"不求完全所有、但求能够所用"的发展理念,在区域内竞争建设机场,区域内存量航空客源"掏左兜放右兜"式在不同机场间分流,各机场都将面临客源不足、运营困难的局面。2018 年,我国 189 个民用航空机场中年旅客吞吐量 500 万人次以下的占 78.7%,其中约 70%依靠中央与地方两级政府在财税等方面的持续"输血"来保证运营,成为地方发展昂贵的基础设施配置。2019 年,民航局民航中小机场补贴预算方案共对 168 个中小机场进行补贴,最少的补贴 246 万,最多的补贴 1 615 万,共计 15.177 9 亿元。

## 4.5.2　机场代表地方形象的功能将趋于弱化

机场成为区域共享资源,改变了人们以往对机场为谁而建、机场要建成什么样等问题的认识,机场要展现地方形象、体现地域文化底蕴的功能将被弱化,机场规划建设首先需要考量的是好不好用,而不是好不好看,在耕地资源硬约束的国情中,机场"好不好用"比"好不好看"更重要。

# 第5章
# 机场群对城市群发展的
# 引领与促进

　　航空运输不但是客货流的集合,也是贸易流、商务流、金融流与信息流的集合,这些集合具有明显的标杆作用,既能够有效引导和优化区域的产业分布、城镇空间布局、土地利用形态、社会经济和环境发展等多种目标,也能够通过城际便捷高效的运输联系促进城市有序分工、差异化发展,引导产业与城市沿着交通走廊健康有序地发展。

　　航空运输是城市区域社会分工和经济循环的直接参与者,在城市对外交通区域化的背景下,需要把握机场服务于城市群出现的趋势性发展变化,关注机场在城市空间开发中日益彰显的社会发展战略意义。回答城镇化为何以城市群为主体形态这一问题,不能缺少对航空运输这一维度的审视。

# 5.1　机场功能的多元演化

　　自 1910 年德国出现第一个机场至今,在机场业百年来的发展史中,机场发展的观点伴随着人们对其认识的不断深化,机场的功能经历了"运输"一维标准,到"运输 – 经济"二维标准,再到"运输 – 经济 – 社会"三维标准的演化(见图 5-1-1)。这种演化的结果表明,机场已不再是传统意义上只为本区域航空运输提供保障的简单基础设施,以它为节点同连接线(航线)所组成的航空运输网络直观地反映出城市对外联系的程度和水平,更为重要的是,它对区域经济社会发展产生多方位、多层次的作用与影响与日俱增,扮演了促进地区经济社会发展的一个主动角色。这为我们强调了一个事实,即机场的建设发展是一个具有多维性质的问题,在经济、社会、历史、政治和环境等各个尺度上都很重要。只有多种功能综合发生作用,才能确保机场整体功能全面发挥。

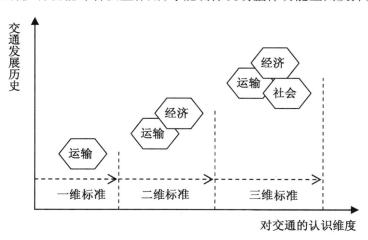

图 5-1-1　机场功能的多元演化

## 5.1.1 运输功能

本质上,交通和运输是两个不同的概念,二者既相互联系又有不同的功能。包含机场的交通设施是一种投资品,运输则是无形的位移服务,但由于现代的运输活动都是在特定的交通设施上进行的,如铁路运输要以轨道交通为基础,汽车运输要在公路上进行,飞机要在跑道上起降,因此,人们习惯于把两者联系在一起,统称为交通运输。[①]

运输活动在没有交通设施之前就已经存在,运输活动从来就是人类生产和生活的一部分。没有交通基础设施的运输活动的成本极为高昂。在铁路、公路、机场等现代交通运输方式出现以前,或在交通基础设施不发达的地区,运输成本极高,从而减少了人们的运输需求,人们的经济与社会活动只能局限于极为狭小的地理空间之内,而且人们的大部分劳动要花费在与生产和生活有关的运输活动中。因此,交通基础设施是一个国家或地区实现经济发展和摆脱贫困的基本前提。人类的经济史实际上就是通过不断的技术创新,创造出新的交通方式、发明新的交通工具、建设起新的交通基础设施,从而不断降低运输成本,不断扩大人们的经济与社会活动空间的历史。

因为空间的异质性,人们在一定空间范围内需要通过位移来达成生产与生活的目的,而这种位移的改变只有历经从起始地到最终目的地的整个过程才算完整,才有价值。交通能对国民经济产生重要的影响,最根本的影响就是可以促进跨越时空约束的交流顺利实现。

在物理层面,机场将水(那些濒海机场,典型的如中国香港机场)、陆、空及地下(地铁)各种交通方式有机地结合起来,形成各种交通方式的合理分工与协作,实现点线式地面交通向网络化无缝连接的高速立体交通形式转变,成为城市交通与对外交通的衔接点,形成地区的综合交通枢纽。

---

① 赵坚:《交通与运输的含义及交通经济学问题》,《综合运输》2007 年第 8 期,第 13—16 页。

## 5.1.2　经济功能

如果某个地区没有良好的交通基础设施,该地区的经济就无法发展,人们就会陷于长期贫困之中。良好的交通基础设施是经济发展和市场经济运行的基本条件和必要前提,也是决定一个国家市场规模的主要条件之一。没有良好的交通基础设施,高昂的运输费用会割裂市场联系,把一国经济划分成不同的孤立市场,从而限制专业化分工的范围与深度,抑制经济发展。19 世纪中后期,美国建成世界最大规模的铁路网,对形成全国统一的大市场,对美国成为世界上生产效率最高的国家具有决定意义。我国的贫困地区和经济发展缓慢的地区一定是交通基础设施落后的地区,没有交通基础设施的支持,经济发展是不可能出现的。

地理环境所决定的自然交通条件(如机场用地及其空域等)和人为建设所形成的交通设施(如跑道、停机坪、廊桥、候机楼等)构成机场的硬资源,行业运行的人力、信息、组织与管理制度等构成机场的软资源。它们一起组成了机场业生产系统,包含着多种经济、社会投入及产出等。

我国河南作为内陆省份,不靠海、不沿边,如何利用自身区位和交通优势,走出一条错位发展之路? 河南省政府给出的答案是"不靠海不沿边,对外开放靠蓝天"。河南省政府审时度势,于 2012 年率先提出了"货运为先、国际为先、以干为先"的"三为先"发展战略,为推进郑州国际航空货运枢纽建设明确了发展思路和路径。通过近几年的不懈努力,郑州"空中丝绸之路"建设深入推进,国际航空货运枢纽建设成效显著,为河南扩大对外开放、推动中部地区崛起乃至融入全球发展做出了突出贡献。2018 年,郑州新郑国际机场进出口货值占全省进出口总值的比重近 40%,成为河南省对外开放的重要平台。

此外,机场地区日益转变成城市的经济功能区,发展了大量的高新技术产业、现代制造业、现代物流业、现代服务业、会展业等与机场存在着直接或间接关系的产业,形成临空指向性经济,为机场所在地区创造了就业岗位、增加了税收,促进产业结构调整与升级。

民航固定资产投资本身不仅是促进航空运输业发展的重要手段,还是拉动内需、促进区域发展和国民经济增长的有效手段之一,近年来我国民航固定资产投资情况如图 5-1-2 所示。

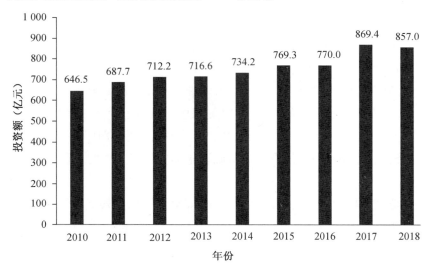

**图 5-1-2　2010—2018 年我国民航固定资产投资总情况**

资料来源:民航局,民航行业发展统计公报。

### 5.1.3　社会功能

时至今日,交通的可持续特征日益明显,交通运输发展需要注重与土地、能源等资源的合理利用,更好地保护环境,从单纯运输的观点转变为交通运输与土地开发、城市空间结构等的综合考虑,更要有利于社会的公平与和谐。在此意义上,绿色机场、智慧机场的建设,民航局落实《打赢蓝天保卫战三年行动计划》的工作方案,就不是短时之举,在将来,绿色机场、智慧机场建设与蓝天保卫战等工作的名称或许会改变,但实质性的工作将始终持续。

机场地区在交通基础设施中与众不同,属于一个特殊的区域,是各种单位的集合体,在机场范围内,除了机场管理机构、航空公司、机场服务机构外,还驻有空中交通管理部门、口岸管理部门、公安部门、出入境检查机构、武警部队、消防队伍等。尤其是伴随着机场业务量的增加,机场服务范围的广泛,机场区域内的组织增多,人流聚集,机场的社区性质越来越浓。因此,对机场区域的管理就具有了广泛的社会公共事务管理内容。

# 5.2　机场群优化城市体系结构与空间布局

交通运输的演变影响着城市化的发展,交通作为区域影响因素始终与区域社会空间结构紧密相连,成为区域经济和空间扩展的主要力量之一。影响城市群发展的因素很多,包括产业结构、社会文化、城市职能结构、交通运输等多种要素。交通运输作为人口流、物质流、资金流、技术流等的空间载体,虽然不是影响城市群发展的唯一因素,但已经成为区域经济联系的纽带和城市群体空间建构的重要规划手段。交通运输条件的改善将影响城市之间经济联系的强度。

## 5.2.1　优化城市体系结构

城市空间结构是指城市经济结构、社会结构、自然条件在空间上的投影,是城市经济、社会存在和发展的空间形式,表现了城市各种物质和非物质要素在空间范围内的分布特征和组合关系。

城市群的空间结构应构建以大城市为核心、周边中等城市为依托、小城市为主体的网状、多层、辐射型的城市体系。因而,科学规划与发展机场群,能够避免城市群内大机场的"虹吸效应",在城市群内中小城市规划建设支线机场或通勤机场并提供飞往周边中心城市的航班航线,改善中小城市对外交通,发挥综合交通运输网络对城市群格局的支撑和引导作用,通过合理的航线规划和小型飞机的合理使用,使航空网络覆盖更大的区域,总体上提升城市群航空运输通达能力、定期航班航线数量和通航里程,使城市群走上结构合理、品质提升、可持续发展的轨道,形成以大城市为中心枢纽、城市群灵活转机的航线网络格局,引导大中小城市协调发展。

## 5.2.2　优化城市空间布局

城镇化是推动区域协调发展的有力支撑。自改革开放以来,我国东部沿海地区率先开放发展,形成了京津冀、长三角、珠三角等一批城市群,有力推动了东部地区快速发展,成为国民经济重要的增长极。但与此同时,中西部地区发展相对滞后,一个重要原因就是城镇化发展很不平衡,中西部城市发育明显不足。十二五末期东部地区常住人口城镇化率达到 62.2%,而中部、西部地区分别只有 48.5%、44.8%。随着西部大开发和中部崛起战略的深入推进,东部沿海地区产业转移加快,在中西部资源环境承载能力较强的地区,加快城镇化进程,培育形成新的增长极,有利于促进经济增长和市场空间由东向西、由南向北梯次拓展,推动人口经济布局更加合理、区域发展更加协调。而航空产业作为区域经济发展的重要增长极,需要在区域协调发展规划中得到充分重视。

在国内,经济产业格局及经济结构的转变将促使不同城市在经济角色上的转变。东部沿海大城市因为地价及物价成本较高,已经难以继续维持传统工业和制造业的低成本优势,将逐步向高端制造业及以服务业为主的产业结构转型。中西部城市则依靠越来越便捷的交通运输条件和较低的劳动力成本优势成为传统工业及制造业的转入地。产业结构的调整使沿海与内地城市间的物资流动规模扩大,进而逐步形成一个国内物资运输圈。

我国城镇的发展以及集聚、扩散能力的发挥都取决于其对外交通运输能力的扩大。民航发展并不会改变城镇的行政区划,但会使城镇内部与外部的空间经济联系发生变化,能够有效地加快以“集约高效、统筹协调、产城互动”为基本特征的新型城镇化进程,有利于日益膨胀、拥挤的大城市的人口与产业转移,推动大城市空间结构外向拓展与延伸。

## 5.2.3　多核机场提升城市群发展水平

随着差距的缩小,机场群非核心机场升级为核心机场,机场群层级结构发生改变,由单核机场群演化为多核机场群。

与单核机场群相比,多核机场群的服务能力更全面,服务范围覆盖更广泛。多个核心机场可提供更大的服务供给,在机场群中错位发展,提供更多样化的航空服务,并通过畅通便捷的地面交通衔接,将核心机场承担的航空服务功能扩张延伸到更远的地理范围,惠及以多机场为中心的 1 小时交通圈周边的更多中小城市,更好地满足世界级城市群发展需求。单核机场群服务供给总的规模有限,多样化服务发展能力受局限,服务覆盖范围相对较小,仅能以单机场/城市为中心向外覆盖,难以满足世界级城市群未来蓬勃发展中日益旺盛的航空运输需求。

多核机场群具有更好的系统稳定性和安全性,能更好地为城市群提供更可靠的航空运输服务。多个核心机场在重要的航空功能上可互相重叠,关键时刻可互相替代和备份。当一个核心机场出现突发社会事件或暂时难以解决的瓶颈时,其他核心机场可以快速地暂时分流和承担其原有运输功能,使航空网络不至于因单个枢纽的崩溃而发生大面积瘫痪,机场群则能够快速地从突发事件和瓶颈中恢复运营,更好地维持系统稳定性和可靠性,也可以为崩溃的核心机场提供更充足的时间进行功能修复和充分完善。

多核机场群还能更好地推动区域经济协调发展,提高城市群发展整体竞争力。机场是区域经济发展的引擎和新的增长极,习近平总书记在 2017 年年初考察北京新机场时曾明确指出"新机场是国家发展一个新的动力源"。核心机场以庞大的业务规模为基础,能够大力吸引和高度集聚更多相关企业、资本、物流、人才、政策等关键资源,在周边衍生和聚集形成临空经济区,在城市群航空经济产业链中扮演重要角色。与单核机场群相比,多核机场群能够促使航空经济产业链条在区域空间上进行更优化配置,随着产业链的形成和完善,多点带动区域航空经济产业链的形成和发展,促进城市群产业升级与结构优化,促进相关产业的分工协作,带动周边中小城市发展,更好地推动区域经济协调发展,从而提高城市群发展整体竞争力。①

## 5.3 机场群提升城市群国际化功能

随着全球化进程逐步加深,企业国际分工合作空间日益广阔,远距离运输需求不断增长。航空运输作为当前最快速、高效的长距离运输方式,在全球经济生活中正发挥着越来越重要的作用,机场及其周边区域正日益演化成现代经济活动高度集中的区域,并推动区域经济与航空运输相互融合。因此,城市区域利用航空运输,更容易超越地理空间界限,大跨度地直接参与国际分工和国际经济大循环,在世界范围内吸纳和集聚生产力的各种能量和要素,在"区域—产业—企业"密切关联的复杂网络中,航空运输从空间范围内将经济全球化、产业集群、企业竞争力融合在一体,创造了一个优越的、在全球范围内有影响力的商务、创业、就业、定居环境。

## 5.4 机场群推动城市区域产业转型升级

机场群建设能够大幅提高区域机场体系的整体容量,强化枢纽机场核心地位,对中小机场发展具有很强的带动作用,能够有力支撑新型城镇化建设和经济社会发展。《国家新型城镇化规划(2014—2020年)》提出要"根据城市资源环境承载能力、要素禀赋和比较优势,培育

---

① 张莉、张越等:《核心机场与多核机场群发展模式及其特点研究》,《综合运输》2018年第1期,第50-55页。

发展各具特色的城市产业体系""推动特大城市和大城市形成以服务经济为主的产业结构。强化城市间专业化分工协作,增强中小城市产业承接能力"。加快经济发展方式转变,优化城市产业布局和结构是我国今后一个时期经济社会发展的总方向。产业结构的升级换代,是优化经济结构、转变经济发展方式的重要内容。

民航以其安全、快捷、通达、舒适的独特竞争优势,在产业结构升级换代中扮演着重要角色,是我国产业结构升级的助推器。从未来趋势看,我国产业结构将向高端升级,通过航空运输的进出口商品比重将有明显上升,对民航运输的需求将不断增加。

机场在优化城市产业布局和结构方面具有不可替代的作用。现代经济发展的实践证明,机场可以增强城市或区域发展能力,可以吸引新型产业和服务业围绕机场集聚。尤其是一些新型产业视是否具备航空运输条件为落地布局的关键,这些产业具有的共同点包括:(1)经营范围分散,如大型跨国集团;(2)高度专业化、技术知识密集和需要多样的供应、销售和联系网络;(3)生产体积小、产品附加值高。这一类产业所带来的高技术、高工资水平及就业增加又对地方经济产生强大的乘数效应。研究及现实经验均表明,是航空运输的变化改变了城镇区的竞争优势,而不是城镇区的变化改变了航空运输。以北京首都国际机场为例,北京首都国际机场对区域经济贡献显著。2013—2017 年,北京首都国际机场对区域经济的年均贡献量达到 1 491 亿元;每百万旅客为北京市带来的平均经济贡献为 13.37 亿元,是亚太地区平均值(9.54 亿元)的 1.4 倍。①

---

① 韩志亮:《北京顺义区人大调研报告》,《完善首都机场服务功能　助力顺义临空经济发展》,2018 年。

# 5.5　机场群推动城市群之间形成航空通道

在《现代汉语词典》中,通道的基本含义是指"来往的大路"。运输通道(原称运输走廊)理论是19世纪60年代中后期发达国家在交通运输规划研究中提出的一种新的交通运输理论。对于运输通道的理解有一般意义(或称广义)和特定意义(或称狭义)的区分。泛指铁路、公路、水路、航空和管道等各种运输方式的运输线路,即一般意义上的运输通道;自19世纪60年代中后期美国在研究区域经济与交通的关系中,提出运输通道的概念后,便逐渐赋予它一种特定的含义。美国出版的《公共运输词典》对运输通道一词的注释为"连接主要交通流产生地、有共同流向的宽阔地带称为通道;通道可能有可供选择的几条线路"。这可以认为是国外对运输通道所做的较早且较清晰的定义。

本书所言的运输通道,指的是通过交通媒介联系城市区域的一种线状系统,由综合交通枢纽和多条基本平行的高效率交通干线组成。城市交通设施建设可以改变某一区域的可达性,降低人们出行的时间成本,促使厂商、居民等各经济行为主体为改善各自所享有的效用水平,向交通沿线地区集聚,更多的经济活动被吸引到沿线走廊地区,从而带动沿线地区的土地开发和经济发展,形成具有特殊结构和功能的交通廊道。交通廊道是一种最为活跃、最富于动态变化的实体空间要素。

城市交通的通道效应是指交通干道建成后,对其影响范围内各种城市用地的空间吸引,以及引起各类城市用地空间重新分布的效应。

交通运输通道具有这样两个特征:第一,影响范围的有限性。交通运输通道限制在交通基础设施沿线较为狭窄的范围内,空间吸引效应主要围绕站点进行,以站点为中心,随着与站点的距离逐渐增大,交通方式的影响力也逐渐衰减(如图5-5-1所示)。第二,贯通城市功能区的连接性。不同城市功能区之间发生的空间相互作用,如人员、货物、信息的流动等,均要通过交通运输通道来完成,交通运输通道通过输送人流、物流紧密联系其周围的城市功能区。

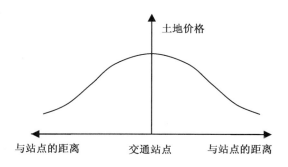

图 5-5-1　交通通道效应截面示意图

　　运输通道一般都在大城市之间形成,成为城市群与城市群相连的重要纽带。在不同城市群的核心机场之间开通"空中快线",标准是每小时一个航班,每天维持 8～10 个航班,便形成了航空通道。我国主要城市群都已开辟"空中快线",通过航空通道满足大规模、高效率的航空客货运输需求。如联通京津冀机场群与长三角机场群的"京沪空中快线"①、联通京津冀机场群与珠三角机场群的"京广空中快线""京深空中快线"等。

# 第6章
# 城市群背景下我国机场
# 发展趋势判断

## 6.1 存量机场功能优化与新建机场并重

城市群发展虽然直接带来城镇人口数量的增加以及人口的空间集聚,但受制于资源与环境条件,航空运输需求的增加对机场建设的影响并不完全直接反映在机场数量的增加方面,更重要的是根据城市群的空间布局进行存量机场功能的重新定位与合理分工,推动存量机场内涵发展、提质增效,盘活存量机场资源与增建机场并重。

我们以美国城市化率由60%提高到80%期间的机场数量变化趋势为例,来说明扩大新建机场数量规模时,需要注重优化存量机场功能。

美国的NPIAs(国家机场综合系统规划)在1951—1963年提出新建机场规划,该规划包括了2 657个已建机场和2 288个拟新建机场(美国这些已建与拟建的机场中包括了通用航空机场,下同),当时美国的城市化率为 60%。到 2017 年,美国已建机场总数为 3 330 个左右,仅比 20 世纪 50 年代多出不到 700 个,拟建机场只有 25 个,而此时美国的城市化率已达 83%,一些都市圈的城市化率已经接近 100%。可见,美国的绝大部分主要机场在 20 世纪 60 年代就已建成,自那时起半个世纪以来美国机场数量相对稳定,伴随着城市化率提高而带来的人口增加和经济增长对航空运输活动的需求是通过众多已投运机场的自身规模扩大以及功能优化来满足的。统计数据表明,进入 21 世纪以来,在年旅客、货邮吞吐量世界排名前五十的机场中,美国机场占比均为 30% 左右。

城市群发展背景下考虑机场布局不能仅依据城市人口数量的增加而机械地增加机场数量及密度,更重要的还是根据城市群的空间布局进行机场功能的重新定位和合理分工,实现机场群内各机场相互间的协同发展。就机场建设规划而言,可能不是增建更多的机场,而是对现有机场以及未来需要新建的机场进行功能定位和管理层面的协调。城市群对机场建设与布局的影响将呈现机场数量增长与机场功能优化并重的局面。

京津冀三地主要机场基本实现统一管理、一体化运营的体制机制后,天津滨海国际机场和石家庄正定国际机场逐步疏解北京首都国际机场非国际航空枢纽功能,京津冀机场群协同发展取得明显成效,京津冀地区航空市场结构持续优化。北京首都国际机场国际运量增速明显快于国内运量,天津滨海国际机场、石家庄正定国际机场增速明显快于首都机场:2017 年,北京首都国际机场国际(含地区)旅客占比达26.8%,提高 0.9 个百分点;天津滨海国际机场近 3 年旅客吞吐量年均增长率达 18.9%;石家庄正定国际机场开始成为京津冀的"旅游新门户",2017 年旅客吞吐量增长 32.8%,其中低成本航空运送旅客占总量的比重近四成;三地机场旅客吞吐量占比从 2013 年的 84.7∶10.2∶5.2 优化为 2017 年的 75.1∶16.5∶8.4。

# 6.2　机场陆侧交通的重要性凸显

机场规划建设应与其他交通无缝连接。与其他交通方式相比,民航运输具有适宜长距离旅客运输、高价值货物运输和地形条件复杂地区运输的优势,机场布局要适应区域"大通道"交通体系的建设,根据民航与铁路、公路、水运等其他交通运输方式的合理分工进行统筹安排,并与铁路、公路、水运以及相关城市交通相衔接,实现集疏运,建立现代、科学的综合交通运输体系。特别是大型机场可以通过综合交通体系优化客流集散,提升乘客换乘舒适度和方便性。

综合交通体系的完善是我国民航发展的新动能之一,只有主动融入综合交通网络,提升以机场为核心的综合交通枢纽的集疏运效率,才能将旅客的需求有效转化成民航新的增长点。

## 6.2.1　空铁联运开辟城市群联通新通道

我国新型城镇化的城市群建设,提出了交通联通的新课题,即围绕城市群的交通组织方式与运输结构要发生适应性变化。

到 2018 年年末,我国高铁营业总里程 3 万千米,超过世界高铁总里程的三分之二,居世界第一位。高铁建设正进一步促进城市群之间、城市群内部各城市之间的"时空压缩",高铁史无前例地重构着我国的城市与区域空间格局,跨地区的人口、要素和产品流动不断被快速交通网络激活。

空铁联运使京津冀主要机场作为交通枢纽融入区域的综合交通体系,构建起"天上一张网、地上一张网"的综合交通网络,提升了机场塑造市场格局的能力,极大地提升了空+地运输网络的通达性及通达质量,不断提高时空转换效率,不仅有助于实现旅客的通程服务,也为京津冀机场群协同发展打开了新思路、开辟了新通道、拓宽了新空间。

借助于轨道交通（高铁与地铁），目前京津冀机场群已经形成两大陆路集疏运通道，一条是从北京南站出发，通过"高铁+地铁"，可以直达天津滨海国际机场航站楼，全程仅需70分钟；另一条是从北京西站出发，通过"高铁+5分钟摆渡车"，仅需80分钟即可到达石家庄正定国际机场航站楼。这两条集疏运通道的时间成本和从北京城区到达北京首都国际机场大致相当。

2018年11月，石家庄正定国际机场高铁站年空铁联运旅客人次首度突破100万，空铁联运由北京到石家庄乘机的旅客人次占吞吐量的10%，标志着石家庄正定国际机场借助"空中进京新通道"初步显现了区域枢纽作用。

## 6.2.2　机场交通中心是综合交通枢纽的重要节点

综合运输是相对于单一运输而言的，强调的是不同运输方式围绕节点的互联互通，没有实现多运输方式的互联互通就不是综合运输。民航的机场到机场运输、铁路的站到站运输都是不完整的运输活动。

时至今日，运输业的发展已超越单一运输方式各自单独发展的阶段，各种运输方式主动互联互通不但是一种重要趋势，更是每一种运输方式避免自己被边缘化而必须采取的根本性建设经营方针，"一家独大"的想法十分有害，必须跳出原有的行业竞争思维，转向积极的彼此协作。

机场候机楼前的交通中心是城市对外联系的重要节点之一，这个枢纽节点是航空运输与地面运输互联互通的"牛鼻子"。重视机场综合交通枢纽的功能与地位，表明机场在重视空侧的空中交通以外，也开始重视陆侧的地面交通，机场在航空枢纽的地位之上又具有了综合交通枢纽的功能与使命。

在高铁投运之初，民航曾视高铁为竞争对手，而如今，则视高铁为合作伙伴，客运吞吐量超千万的大型机场无不设法寻求与高铁的互联互通，建设机场综合交通枢纽。机场综合交通枢纽课题的提出使机场中转的内涵体现为"空空中转+空地中转"，大型机场陆侧的衍生功能远远大于飞行区,其在综合运输体系中的地位将越来越重要,未来机场的陆侧交通中心将与飞行区一样成为机场两个最重要的功能区域。

机场实现综合运输的成功标志是陆侧的交通中心引入快速铁路(高铁/城际铁路)并实现各运输方式无缝衔接。机场必须借助与铁路一体化运营才能实现"跳出航空看航空",才能找准在综合运输体系中的地位。引入多种交通方式的机场交通中心要能够进行运输组织和运营管理,实现天网(航线网)与地网(地面运输网)的融合。在这方面,我国最为成功的案例是 2010 年上海世博会前投入使用的虹桥综合交通枢纽。借助于虹桥综合交通枢纽强大的集疏运功能,上海虹桥国际机场每天 10 余万人次的旅客吞吐量中,有十分之一(即 1 万多人)是乘坐高铁通过虹桥综合交通枢纽来实现空铁联运的。

在我国中南机场群中,客运吞吐量超千万的 10 个机场中,有 8 个机场候机楼前交通中心已经建成或规划建设高铁(城际铁路)车站,如表 6-2-1 所示。那些已经开通高铁且高铁车站远离机场的城市,则走"曲线救国"的途径,采用以城市地铁或城际铁路的方式实现机场与高铁的联通。比如,郑机城际铁路(郑州至新郑机场城际铁路)线路起自京广高铁郑州东站,与郑开城际铁路相连,终点至郑州机场 2 号航站楼负 2 层的新郑机场站(地下站),在规划建设时,新郑机场站南端还预留了新郑机场至许昌方向城际铁路的接轨条件,旅客一下飞机,不出机场即可实现铁路、航空"零换乘"。郑州机场综合交通枢纽主要包括城际铁路枢纽站、综合交通换乘中心、地面交通系统等工程,为新郑机场打造中部国际航空枢纽、提升中原城市群综合竞争力提供了有力支撑。

表 6-2-1　中南地区机场群客运吞吐量超千万机场开通高铁情况

| 序号 | 机场 | 高铁开通情况 |
|---|---|---|
| 1 | 香港机场 | — |
| 2 | 广州白云 | 穗莞深/广佛环城际铁路(在建) |
| 3 | 深圳宝安 | 深茂铁路(2024 年深江段开通) |
| 4 | 郑州新郑 | 郑机城际铁路 |

续表

| 序号 | 机场 | 高铁开通情况 |
|---|---|---|
| 5 | 长沙黄花 | 建设方案未最终确定 |
| 6 | 武汉天河 | 汉孝城际铁路和汉十高铁 |
| 7 | 海口美兰 | 海南东环铁路 |
| 8 | 三亚凤凰 | 海南东环高铁 |
| 9 | 南宁吴圩 | 南崇高铁（在建） |
| 10 | 珠海金湾 | — |

## 6.2.3 机场交通中心成功的要素

机场交通中心成功要素之一，即实现枢纽设施建设与运营的可持续。

机场交通中心的设施有可经营的部分（如商业设施与物业等是"生钱"的项目）和不可经营的部分（如服务通道、车站等是"花钱"的项目），需要找到交通中心"生钱"与"花钱"的平衡点，开发交通中心可经营的设施以及可供开发的土地，用这些开发收益来平衡交通中心建设与运行管理的费用，减少政府投资，实现交通中心经济效益与社会效益的最大化。

香港地铁之所以成为世界上可以赚钱的交通基础设施，就是将土地开发的增值收益还原给基础设施投资者，实现基础设施在经济上的"投资平衡"与"运营平衡"。香港政府授权港铁公司拥有地铁站点的上盖物业开发权益，港铁公司在规划地铁线路和布局站点时，同期规划地铁车站地上一定范围内的商业地产和住宅地产，港铁公司的地铁规划连同上盖物业规划由香港政府授权的第三方机构审定，报香港政府核准后实施。这样，港铁公司用上盖物业的商业开发收益弥补地铁建设与运维的成本，不但不用香港政府进行财政补贴，还具备了自我造血功能，实现可持续发展。

现代机场服务对象与收入来源已经开始多元化（见图6-2-1），机场有条件实现枢纽设施建设与运营的可持续。上海虹桥综合交通枢纽在规划阶段，上海机场集团就向上海市政府提出，希望政府能在邻近枢纽核心区的地方划出 60 公顷的一块土地并批准综合交通枢纽内建设 25 万平方米的商业设施，由机场集团来开发、运营，这样，工程总投资超过 474 亿、总占地面积 130 万平方米、世界上最复杂的上海虹桥综合交通枢纽，就不需要在启用后由政府财政连年投入来支撑庞大的运营维护成本。

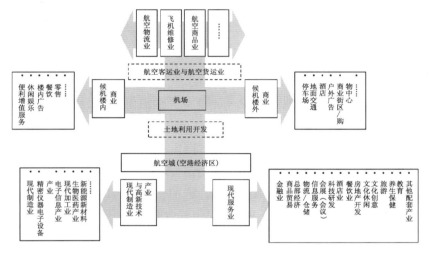

**图 6-2-1 机场服务对象与收入来源的多元化**

机场交通中心成功要素之二，即实现枢纽换乘的便捷性。

土地、能源、资金、人才……这些条件都在不同的范围与程度上形成对人们生产与生活活动的约束，但放开视野，这些约束都可以有突破的空间，比如土地资源不足可以填海造地或进行土地置换，传统的化石能源可以用新能源来替代，自有资金不够可以贷款或上市融资，人才不足可以通过人力资源引进或培养，除去这些条件，唯有一个约束无法突破，这就是每天 24 小时的时间资源，人们每天的生产、生活、游憩、休息，都要按每天 24 小时来安排。在可以预期的未来，商业运营的交通载运工具在载运速度上不可能有颠覆性的提高，因此，交通中心就要在实现各种交通方式之间的一体化换乘上，想办法去实现时间的节约。

对换乘时间与换乘距离的控制是交通中心提高效率的关键。

一般而言,人们正常的步行速度为一分钟 60～100 米,根据大数据统计的结果,在旅途中,人们在愉悦的状态下,一次换乘可以接受的步行距离 300 米以内、步行时间 15 分钟以内(含等待时间)。所以,机场综合交通中心的规划设计,就要纳入时间与距离的量化指标,从而保证人们换乘的便捷。对浦东机场候机楼前交通中心的规划,上海机场集团就向设计单位提出一个节约时间的量化要求:从交通中心到两侧航站楼的步行距离不能超过 300 米(不含步行电梯通道距离)。

机场交通中心成功要素之三,即实现载运工具高频率运行。

机场综合交通枢纽是不同交通方式接续运输的节点,不同交通方式载运工具的公交化运行,才能体现枢纽的价值,才能汇聚人流,才能吸引旅客。围绕枢纽要想实现载运工具高频率运行,一是要开通高频航班,从早 8 点到晚 8 点,1 小时一个航班;二是高铁/城际铁路的运行频次,至少实现 30 分钟开行一趟进到站列车。

# 6.3 高铁版图上的城市航站楼

我国高铁网络化给全社会带来高效的时空转换价值,推动形成了城市群"同城效应""×小时生活圈""发展带"等经济发展的新特征。国家《中长期铁路网规划》明确,我国高铁将形成以特大城市为中心覆盖全国、以省会城市为支点覆盖周边的高速铁路网,连接主要城市群,基本连接省会城市和其他 50 万人口以上大中城市,实现相邻大中城市间 1～4 小时交通圈,城市群内 0.5～2 小时交通圈。

地面快速交通对民航的替代效用显著。当今世界,没有任何一个国家具有中国这种体量的综合运输网络,尤其是称雄世界的高铁网。以高铁领衔的地面快速交通网对民航的影响深远,在中短距离内,高铁对民航的替代效应显著。以福建省内的机场为例,厦深和向莆高铁开通后对厦门、福州、泉州等地的机场分流明显,2014 年厦门高崎国际机场、福州长乐国际机场减少约 100 万人次,泉州至广州、深圳和中南方向航班减飞、停飞;受合福铁路开通影响,福州—南昌航线自 2013 年 12 月起停航。

高铁网络化不仅更多分流航空客源,而且承担支线航空角色的重要性越来越凸显。随着我国更多的机场实现与高铁无缝衔接,势必采用德国法兰克福机场"零米支线飞行"的模式,为联运的高铁列车安排航班号,与航空公司航班代码共享,具有航班代码的高铁列车相当于"虚拟航班段",被视为零米高度的航空支线,成为航空运输在地面的延伸。依托高铁车站的城市候机楼将应运而生。

我国第一座城市航站楼上海城市航站楼位于上海市静安区南京西路,按照最初设想,旅客可以在这座位于上海市中心的城市航站楼办理值机、托运行李,然后"徒手旅行",轻松前往浦东机场。但是自 2002 年开始运营以来,这座上海城市航站楼一直门庭冷落。最初的解释是航站楼所在地静安寺与浦东机场之间没有直达地铁,为了确保能准时抵达机场,旅客不得不提前一段时间来到城市航站楼,这反而增加了出行的时间成本。2010 年 4 月,上海地铁 2 号线延伸到浦东机场,但城市航站楼的客源情况并没有好转,原因是旅客托运的行李不能随旅客乘同一地铁抵达机场,旅客抵达机场后,还须前往特定柜台,查看自己的行李是否已到,还不如自己随身携带行李去机场更快、更准时,这进一步降低了市内旅客使用城市航站楼的意愿。

由此可见,城市航站楼能否充分发挥功能,关键在于旅客使用它能否更便捷地抵达机场。

2019 年 7 月,中国雄安集团官网发布《雄安至北京大兴国际机场快线(R1 线)工程可行性研究报告咨询服务项目比选公告》,该线路时速在 160 千米以上,线路采用市域城际铁路标准制式,建成后实现雄安新区启动区至北京大兴国际机场"半小时"、至北京金融街"1 小时"的通达目标。根据公告,雄安新区启动区将设置城市航站楼,为机场旅客提供值机和行李托运功能。

根据已公布的规划,雄安新区及其周边京津冀地区轨道(高铁、城际、地铁)、高速公路等交通基础设施非常发达,仅就通达方式而言,连接雄安新区与北京大兴国际机场的各种交通方式可以彼此替代,实现空铁联运或空陆联运。但新区城市航站楼与北京大兴国际机场实现空铁联运将是最佳的联运模式选择,新区城市航站楼应选址在高铁(城铁)站。

高铁(城铁)是新区到北京大兴国际机场最快捷的交通方式。在新区规划构建的"四纵两横"区域高速铁路交通网络中,在规划设立的雄安高铁站到北京大兴国际机场站之间,将运营京雄城际和新区至北京大兴国际机场快线两条高铁线路,乘坐高铁20分钟到北京大兴国际机场,比高速公路节约一半的时间。此外,高铁准时,不易受道路交通和天气状况影响的独特优势已被社会广泛熟知。雄安高铁站枢纽布局在新区东北部的昝岗组团,新区城市候机楼选址在高铁车站,不仅能实现综合交通系统与经济社会活动空间聚集的协同,而且能有效避免运输资源低效投资,提高整体运输组织效率,促进一体化运输发展。雄安依托高铁车站的城市航站楼的建设与开发应实现以下两点。

(1)与高铁站一体化建设

多种交通方式所连接的设施设备在空间结构上进行物理融合,实现资源整合,形成有机集合体,将使联运系统发挥最大效益。我国上海虹桥综合交通枢纽、德国柏林中央火车站与法兰克福空铁中心、日本名古屋站与京都火车站等这些交通枢纽综合体,都是享有世界盛誉的成功范例。

新区城市航站楼与高铁站一体化建设是优化交通资源配置、提升空铁联运质量与效益的"牛鼻子"。交通方式转换的过程与行为在同一物理空间内实现,是各种交通方式有效衔接的基础支撑,在这种功能综合化的简明空间里,集中布设不同交通方式联运及换乘的设施设备,能有效降低交通方式连接的复杂性,大大节约出行者个人时间和社会总体出行时间,提高人们的时空转换效率。新区城市航站楼与高铁站实现功能融合与交通方式集成,是实现空铁联运"无缝衔接"与"零距离"

换乘的最高境界。

（2）"铁路+物业"的开发模式

具备良好交通条件的城市区域对工业和商业活动更具吸引力，从而导致经济活动向该区位集中，促使人们的经济活动空间发生改变，这反过来会产生更多的运输需求，并进一步推动交通运输的发展。因此，在交通基础设施、土地的区位价值和人们的土地利用之间存在着一种相互作用的机制，形成一种正反馈的循环，这种作用机制通过交通设施较强的生产外部经济性来体现。交通设施的外部经济性主要表现在能提高土地利用的可达性，从而产生节约时间的经济价值。土地利用可达性的提高使交通设施的建设运营带来其周边区域内土地、不动产等资产价值的增值，对城市土地利用产生导向作用，人们审视交通基础设施的逻辑思维因此而改变。正如前文所述，香港地铁的运营能赚钱，就是充分利用了这一经济规律，让香港地铁自身得以可持续发展，无须香港特别行政区政府以公共财政为其运营提供任何补贴扶持，奠定了香港地铁在国际上卓越的领先地位，成为举世公认的轨道运营先驱之一。

上海城市航站楼作为城市航站楼没有成功，但是作为一个城市开发项目，无疑又是成功的。它与久光百货大楼连为一体，除航站设施外还布局了办公用房、商业服务设施和停车设施，每年都为上海机场集团带来令人满意的租金收益。

因此，新区高铁站枢纽不再是单一的交通集散空间，而应通过整合交通服务、商业、商务、会展及信息服务等功能，发展为新区的新型城市功能综合体，强调混合用地，以上盖物业的综合开发收益弥补枢纽建设与运维的成本，发挥综合效益，引导新区土地集约化发展，节约资源和能源。

新区城市航站楼与高铁车站建筑一体化，具备了联运的"硬件"，这个一体化的功能综合体还要兼备能够进行运输组织和运营管理的"软件"，才能切实发挥运输服务的核心功能。枢纽运营的"软件"，除了要打破行政壁垒，建立一体化的枢纽运营管理机构，推行大交通管理模式外，推行代码共享、行李托运和通关办理也应是新区城市航站楼必备的

功能选项,具体如下:

(1)高铁列车与航班代码共享

高铁列车与航空公司航班实施代码共享,可以实现空铁双向联运。德国法兰克福机场在欧洲大陆成功运营的"零米支线飞行"模式,联运的高铁列车被安排航班号,与航空公司航班代码共享,具有航班代码的高铁列车相当于"虚拟航班段",被视为零米高度的航空支线,是航空运输在地面的延伸。借助于上海虹桥综合交通枢纽,我国上海铁路局与中国东方航空集团公司合作推出"空铁通"产品,安徽、江苏、浙江、上海三省一(直辖)市主要城市的高铁、动车组列车与东航航班双向联运,购买"空铁通"联运产品的旅客,在购买东航机票的同时,可以一并选择指定合作火车站与上海虹桥站之间的列车,一次购票支付,订妥火车票和飞机票。长三角"空铁通"联运产品的"一站式"服务有力地助推了区域经济融合发展。

(2)实现行李托运

新区城市航站楼如果不能实现交运行李,在新区办完远程值机的旅客到机场航站楼后还要排队交运行李,对旅客而言就没有得到所需的便利。在城市航站楼实施远程值机交运行李,在技术上不存在任何障碍,关键是行李运输中的运输成本、安全责任和损坏赔偿由谁来承担,这是运营管理者敢作为还是不敢作为的问题。

(3)具备口岸功能

理想状态下,新区城市航站楼除了可以办理国内航班外,还应能够办理国际航班,能在新区就完成出境流程。这不是一个增设海关人员编制及增加相应成本的简单考量,须知北京大兴国际机场是要代表国家参与亚太区域航空枢纽地位竞争的。北京大兴国际机场的近邻韩国首尔仁川国际机场,在其机场快线首尔站建立的城市航站楼就具备口岸功能,乘坐当天在仁川机场起飞的国际航班旅客在城市航站楼完成出境检查,乘坐直达列车到达仁川机场,使用出境大厅专用通道即可快速前往登机区。

2018年4月,中央财经委员会第一次会议在提出打好污染防治攻坚战时,强调"要调整运输结构,减少公路运输量,增加铁路运输量"。新区城市航站楼依托高铁站实现空铁联运,具有优越的现实条件,新区蓝图的规划者与实施者应秉持中央决策层的战略导向,以旅客的使用是否实现了便捷高效的效果作为新区城市航站楼好与不好的判定标准与建设标准。

# 6.4　中小机场的"三通"之路

## 6.4.1　中小机场的宿命

### 6.4.1.1　腹地重叠带来的非良性竞争

我国东中部地区机场大多腹地重叠,呈"列国纷争、客源竞抢"的发展状况,至少产生以下三方面的影响:一是大型机场产生虹吸效应,抑制周边机场发展。如吉林市二台子机场在长春龙嘉机场启用后停航、九江机场因距南昌昌北机场不足 100 千米经历了航班三飞三停。二是争抢客源,无边界非良性竞争。大中型机场向邻域地区开通机场巴士、建设城市候机楼,竞争无界限。以辽宁省沈阳桃仙国际机场与大连周水子国际机场两大机场为例,这两大机场不仅同在本省的丹东、盘锦两市设置城市候机楼抢客源,沈阳桃仙国际机场还跨省在吉林省通化建设城市候机楼(见表6-4-1)。三是新建机场启用后分流邻近机场客源,致使新机场与被分流机场均资源使用不足。例如,2008 年距离延吉朝阳川国际机场不到 200 千米的长白山机场开航后,延吉朝阳川国际机场客运吞吐量当年即呈现负增长,时隔一年也没恢复到 2007 年的客运量规模(见表6-4-2)。

表 6-4-1 沈阳桃仙国际机场与大连周水子国际机场开通的城市候机楼情况

| 沈阳桃仙国际机场城市候机楼 | 大连周水子国际机场城市候机楼 |
|---|---|
| 鞍山、丹东、阜新、锦州、辽阳、盘锦、通化 | 丹东、营口、盘锦 |

表 6-4-2 2006—2010 年延吉朝阳川国际机场与
长白山机场客运吞吐量比较（单位：人）

| 机场 | 年份 | | | | |
|---|---|---|---|---|---|
| | 2006 | 2007 | 2008 | 2009 | 2010 |
| 朝阳川国际机场 | 700 067 | 811 841 | 790 885 | 808 256 | 943 336 |
| 长白山机场 | — | — | 4 452 | 53 386 | 103 359 |

数据来源：中国民用航空局，《民航机场生产统计公报》。

### 6.4.1.2 自我造血功能不足

按民航局的管理口径，中小机场是指年旅客吞吐量在 200 万人次以下（含）的民用运输机场（包括军民合用机场）。我国中小机场数量多、业务量小，2018 年我国 235 个颁证民用航空机场中（不含香港、澳门和台湾地区）有中小机场 169 个，占机场总数的 71.9%，其中旅客吞吐量 50 万人次以下的中小机场 106 个，占机场总数的 45.1%（见表 6-4-3）。

表 6-4-3 2018 年我国中小机场结构

| 人次 | 50 万以下 | 50 万~100 万 | 100 万~200 万 |
|---|---|---|---|
| 数量（个） | 106 | 34 | 29 |
| 占全国机场总数的比例 | 45.1% | 14.5% | 12.3% |

数据来源：中国民用航空局，《2018 年民航机场生产统计公报》。

我国 2017 年东、中、西部不同地区不同规模的 75 个样本中小机场的财务数据分析表明:75 个样本中小机场中,盈利的机场 16 个,占比达 21.3%,其中利润额在千万以上的 5 个(4 个旅客吞吐量在 150 万人次以上),占比达 6.7%;亏损的机场 59 个,占比 78.7%,其中亏损额千万以上的 34 个,占比达 45.3%(亏损额两千万以上的达 11 个,全部集中在旅客吞吐量 100 万人次以下机场)。①

启用前投建成本大,启用后运维成本高与客流量低,致使中小机场按照自身的盈利能力很难实现可持续发展,更难以实现航空运输的基本服务和航空运输的网络效应。为了保障中小机场安全稳定运营,民航局每年安排专项资金用于对中小机场、支线航空、通用航空等的补贴,2018 年补贴资金总额达 27.5 亿元。经营困难、普遍亏损似乎是中小机场的宿命。

## 6.4.2　"源头活水"哪里来

中小机场可持续发展的重要"源头活水"是客源,只有更多的人使用机场,机场的发展才可持续。而中小机场所在地区往往企业和经贸往来不频繁,为数不多的当地商务客人主要往来于本省省会城市,有的地方虽然旅游资源丰富,但基础设施条件差,旅游产业处于起步阶段,航空公司开辟航线意愿不强。各中小机场都在积极谋求摆脱"等、靠、要"的被动发展局面,想方设法破解建设时"轰轰烈烈",通航后"冷冷清清"的困境。近年来,我国民航领域涌现出的通廉航空、通程航班、运输机场与通用航空融合等发展创新实践,逐渐表明小机场正在塑造航空市场的大格局,由此,在城市群中,中小机场所在的中小城市可以探索出与大城市协同发展的新路径。

### 6.4.2.1　通廉航空

2015 年 10 月,青海机场公司在青海德令哈机场首推"通廉航空"

---

①　黄存安、余洪萍等:《浅析中小机场运营现状及补贴政策》,中国民航管理干部学院,民航第 21 期中财班专题研究报告,2018.

模式,随后复制至青海的花土沟、敦煌、果洛等支线机场。"通"是通勤、通达,就是航班频次稳定,保障最基本的通达性;"廉"是提供符合当地经济社会发展水平的、民众能够承受的票价,使航空运输成为民众出行的可行之选。

通廉航空参照其他交通方式价格及当地民众收入水平,确定票价。如德令哈—西宁票价为 200 元(含机场建设费,下同),等同于两地火车软卧价格;花土沟—敦煌票价 240 元、西宁—果洛 250 元、西宁—花土沟 550 元,均为当地长途汽车票价的 2 倍。根据机场的吞吐量和航班频次设立"通廉航空"的准入及退出机制,在准入退出之前的阶段,根据市场情况有计划分步实施阶梯票价,温和应对敏感的市场,逐步平稳过渡。

通廉航空实施精准补贴,将传统支线航班定额补贴模式转变为保底补贴模式,以航线运营成本为保底标准与航空公司签署协议,机场、地方政府与航空公司约定票价水平,将政府给予航空公司的补贴用于降低乘机民众的成本。

"通廉航空"模式的实施迅速化解了青海省部分支线机场的停航风险,地方政府在每个地区用年投入不到 2 000 万元的补贴资金,基本实现机场每天一个航班的稳定运营,客座率保持在 80% 以上。

"通廉航空"模式也极大增强了地方各级政府发展民航的决心与信心,各地政府在此前每年每条航线补贴 2 000 万元的基础上,每年分别拨付德令哈、花土沟、果洛运营补贴 600 万元、600 万元和 200 万元,还在绿化、基础设施、水电能源、文化建设等方面给予机场配套项目支持,形成地方经济社会与民航互相促进的良性循环。

### 6.4.2.2  通程航班

华夏航空在贵州、内蒙古、新疆等地推行跨航司中转的通程航班,既助推了省会干线机场打造枢纽目标,又实现了支线机场与干线机场的联动,延展了支线机场的通达性,扭转了支线机场因航线不足而成为国家大航线网络中"孤岛"的处境,是直飞和经停航班运营模式之外的一种创新模式。

早在十年前,我国的航司就已经推行限于本航司运营的国内航班的通程服务,即"通程联运、行李直挂",旅客可以在始发机场一次性办理始发机场及经停机场的乘机登记手续,在目的地机场提取托运行李,以往在中转站自取行李办理二次托运的烦琐工作转为由航司通过后台运行代理操作。

围绕机场这一特定节点,进行运力投放的航空公司都有各自特定的航线网络,很少有一家航空公司可以实现国内全部航线直接通航,但旅客需求是多样性的,需要更多的通航点、更好的通达性。因此,受限于一家航司的时刻资源、航点范围与航线规模,现实中大量国内中转不可能在同一航司内部完成,都需要经由跨航司的航班组合来完成,传统的跨航司中转事实上就是不同航司分段提供的独立接续航空运输,接续是否顺畅以及接续不上的成本,最终都由旅客本人来判断与承担。

运输产品的完整性要求运输服务的完整性。作为运输市场上的竞争者,运输企业只能努力适应客户需要,在激烈的市场竞争中及时调整自己的生产组织与产品结构。如果依旧固守传统的运输观念,要求客户服从自己已经明显过时的传统生产和经营方式,这样的运输企业无疑会被市场淘汰,反之,将在竞争中胜出。

通程航班不同于传统中转航班,它在客票销售系统中是一个标准的航班代码,通过把中转标准化,以统一的信息系统、服务系统与责任系统,把两个航段衔接成一个航段(见图6-4-1)。而传统中转是两个航班,由旅客自己衔接,需要两次购票。此外,通程航班是一个有独立标准的航空运输产品,在航空公司的客规中确定了产品的服务责任,向社会公示。

支线机场通过跨航司的通程航班实现了到国内主要城市的快速通达,真正全方位地实现了干线机场与支线机场的联动与融合。

**图 6-4-1　通程航班与传统中转航班的区别**

资料来源：华夏航空股份有限公司副总裁罗彤，《以通程促枢纽，实现城市跨越式发展》，2019 民航趋势论坛。

### 6.4.2.3　支线机场与通用航空融合发展

坚持运输航空和通用航空"两翼齐飞"，以通航发展弥补运输机场运力剩余，同时激发通用航空发展活力，这是运输机场发展的新动能。

山东日照山字河机场发挥"1+5+$N$"的通航体系效能，开创了支线机场发展的"日照模式"。日照山字河机场于 2015 年 12 月建成通航，开航不到 4 年便发展成华东地区通航飞行量最大的运输机场，是运输机场与通用航空双双发力步入可持续发展之路的成功典范。

"日照模式"的"1+5+$N$"通航体系是指利用好支线机场与通用机场、起降点的航班衔接、班次配套、联系互动，大力发展通用航空业务，构建支线运输与通用航空的融合发展。"1+5+$N$"通航体系的"1"是指以日照山字河机场为核心，"5"是指在 5 个县级行政区域各规划建设一个通用机场或固定起降点，"$N$"是指在旅游景区、工业区、文化集聚地建设若干起降点。以运输机场及各通用机场和临时起降点组成通航体系和运营网络，实现资源集约、效能优化、模式创新。

支线机场与通用航空融合发展实现双赢。2018 年，日照山字河机场通航飞行 1.86 万小时;通航起降 7.9 万架次,其中约90%的起降量是由各通航培训机构完成的,机场的通航训练营业收入超过 1 000 万元。2019 年 1—4 月份,保障通航飞行 29 537 架次,通航飞行 7 902 小时。2019 年全年通航飞行 8 万架次以上,通航飞行 3 万小时。良好的通航训练资源吸引了几大航企将学员放在日照培养,2019 年全年培养飞行员超过 150 名,通航企业完成营业收入 1.2 亿元,日照山字河机场实现通航训练收入 1 000 余万元。

### 6.4.3 可复制可推广的制度机制

中小机场的"三通"创新发展之路,即通廉航空、通程航班、运输机场与通用航空融合,把小机场转化成大市场,把支线航线转化为大网络,实现了干线机场与支线机场、运输航空与通用航空、民航业与地方政府等多方面的互惠共赢。中小机场的"三通"模式,打通了我国民航大系统的毛细血管和末梢神经,完善了"微循环",形成的一系列可复制可推广的制度机制,将推动我国支线机场进入良性发展的新时代。

#### 6.4.3.1 确立基本航空服务计划试点标准

2017 年 11 月,民航局与青海省政府联合下发《关于在青海开展基本航空服务计划试点工作通知》,通知采纳了青海机场实施"通廉航空"的理念、思路和做法,为全国推广明确方向。

确定基本航空服务计划的服务标准。保障基本通达性的航班频次直接关系基本航空服务计划的服务标准,青海机场公司通过实践争取民航局将早晚各 1 班确定为通达性的标准,并列入试点方案。

明确基本航空服务计划的参与主体。试点方案按照青海通廉模式的做法将行业部门、地方政府、航空公司、机场公司界定为基本航空服务计划试点的参与主体,为后续落实各方责任奠定基础。

形成基本航空服务计划的运作模式。青海机场通过研究理论,总结经验,从准入退出机制、票价调节、试点期限、补贴方案、配套政策等方面形成基本航空服务计划运营方案,部分内容已在试点方案中予以明确,其他方面的实践也将纳入后续出台的政策体系。

### 6.4.3.2　干支联动的中国方案

2019 年 6 月,中国民用航空局运输司在内蒙古召开"国内中转旅客跨航司行李直挂工作推进会",要细化、完善《通程航班管理办法》(征求意见稿)与《国内通程航班实施指南》(征求意见稿),形成系列规范后在全行业推广,贡献支线机场发展的中国方案。

(1)运营组织

由运营支线航班的航空公司通过外部合同的方式与运营干线航班的航空公司签订协议,以明示的契约来确定服务合作的权益划分。

(2)航班衔接

优化干线机场进出港航班时刻,构建与支线机场航班时刻有序衔接的进出港航班波,支线旅客到干线机场可以实现随时达,到了干线机场后还能随时转,在提升通达性的同时减少旅客中转等待时间。

(3)开发通程值机系统

实现跨航司办理通程值机业务,旅客在始发地自动获取后续行程,从支线到干线,可以直接办理通程值机和行李直挂。

(4)互融共赢

航司提供中转价格和退改签服务,机场提供中转服务保障,OTA 打包营销航司与机场产品与服务,航信开发通程值机系统,政府提供政策扶持,通程航班是航司、机场、OTA、航信等企业主体与行业部门、地方政府等行政主体结合,合力推出的互融、共生、共享的服务产品。

### 6.4.3.3　充分利用支线机场资源

2019 年 6 月,中国民用航空局发布了《关于转发日照机场保障通用航空发展情况的报告的通知》,在全国范围内推广日照山字河机场通用航空发展经验。

日照山字河机场"1+5+$N$"的通航模式,强化了支线机场和通用机场的联动机制,实现了两者相互支撑,确保支线机场建得好、飞得顺、效益高。通用机场无法开展的夜航、仪表等科目,全部可以依靠支线机场空管、通信、导航、气象等设施设备来完成飞行训练;支线机场航班繁忙时,将通航训练调剂到各通用机场开展目视飞行;推进远程塔台、气象信息共享,降低通用机场运行成本。

# 第7章

# 适应机场群与城市群协同
# 发展的制度变迁

新型城镇化战略是国家战略,在较长时期内对机场发展形成全方位影响。围绕机场业如何适应并引领新型城镇化的发展,既是民航发展的使命,也是相关政府部门的工作着力点与管理重点。技术进步虽然是运输业转型发展的驱动力,但它带来的实际效果还取决于制度环境,制度匹配的档次以及制度运行的效率,决定其转型发展的深度。

## 7.1 加强民航业制度建设

民航业作为各国政府管制性行业,开放和保护一直是政府行业措施不可或缺的两个方面。一些国家把发展民航业上升到国家战略,政策上给予倾斜、扶植,造就出新加坡樟宜国际机场、阿拉伯联合酋长国迪拜国际机场、韩国首尔仁川国际机场等全球性航空枢纽,早已带来巨大的经济社会效益。我国已把民航业定位为国家经济社会发展重要的战略性产业,但在推进民航高质量发展以及适应城市群发展的制度建设方面,仍有待完善的空间。

## 7.1.1　继续推进构建新型机场群的规划研究与试点

2014年起,国家发展改革委会同有关部门分三批将2个省和246个城市(镇)列为国家新型城镇化综合试点,率先探索城镇化关键制度改革,作为实施新型城镇化战略、推进高质量发展的先行军,以及城镇化体制机制破旧立新的突破口。民航业的持续稳定发展需要结合新型城镇化的发展需求,探索研究并概括总结两者之间互相影响、互相促进的发展规律,通过积极推进试点总结,建立适应新型城市群发展的新型机场群运作模式。

### 7.1.1.1　科学研究与规划新型机场群的划分与协同运作

构建与新型城市群相适应的机场群已经成为业内外的广泛共识,但如何划分跨越行政管理范围的新型机场群是一个复杂的过程,受到城市群性质、地理范围、各城市定位、区域经济特征、机场发展规律、民航管理体制等多种因素的影响。因此,民航管理部门应进行深入研究,协同其他部委与地方政府共同明确新型机场群的范围,合理划分机场群内不同规模机场的定位,并通过顶层规划、市场运作与政策引导,尽快促进我国建立新型机场群。

此外,伴随大型城市群的建立,城市群内中心城市、中小城市、小城镇之间互联互通,城镇居民、各种经济要素在城市之间的快速流动与集散成为必然趋势与常态,为承载大型城市群的航空运输需求,城市群内需要构建由国际枢纽机场、区域枢纽机场、功能机场(满足低成本、"以货带客"等功能的机场)等构成的机场等级体系,势必要求处理好多机场之间的关系,实现各机场的协调配合与功能互补,实现资源组合的最优化。因此,民航管理部门需要引导城市群内各机场之间协同而高效运行,充分发挥航空运输的公共服务功能,建立与城市群发展协调一致的机场群运作模式。

### 7.1.1.2　总结推广京津冀机场群一体化发展模式的试点经验

目前,跨区域城市发展协调机制正在建立,与城市群发展相适应的机场群演变发展规律也逐渐形成。因此,在研究总结、科学规划发展路径的基础上,开展机场群协同运作管理模式、航空市场引导机制,促进机场资源优化配置,实现机场群一体化发展的试点,通过试点,总结既与新型城镇化战略相适应,又符合航空运输发展规律的新型城市群发展模式。

民航局积极贯彻落实国家京津冀协同发展战略要求,在京津冀交通一体化发展中率先实现民航先行,积极构建快速、便捷、高效、安全、大容量、低成本的京津冀民用航空一体化系统。京津冀民用航空一体化运行正处于持续探索与不断实践中,为了适应国家新型城镇化的发展进程,在探索三地机场统一运行、分工定位以及航班航线网络优化的过程中,及时总结经验,寻找规律性的发展运作模式,为国内其他机场群的构建提供有效借鉴。

## 7.1.2　构建新型机场群内资源合理配置机制

为促使城市群内的航空资源优化配置,尤其是针对时刻资源配置的不平衡,民航管理部门急需建立航空资源优化配置机制。

### 7.1.2.1　加强宏观调控机制

需要通过多方面的政策引导,实现对新型城市群内航空资源的优化配置。

第一,通过航线航班引导政策实现优化配置。民航管理部门通过航线航班政策,优化城市群内航线航班网络。着力增加城市群中枢纽机场的中远程国际航线航班、港澳台和国内重点干线航班,扩大航线网络覆盖范围;支持航空公司更换大型飞机增加现有航线运力,综合采用诚信、资源利用率和枢纽贡献度等指标优化存量航班,鼓励航空公司转移部分航班至干线机场,控制包机、加班;提高城市群干线机场航线网络通达通畅性,放开国内航线航班准入限制,加密联通重点城市航班频次,对涉及时刻协调机场的时刻安排予以政策倾斜;保障城市群支线机场基本航空出行需要,研究制订基本航空服务计划,通过航线运营补贴的形式,确保偏远地区航空服务水平。

第二,通过行政管理手段,打破基地航空公司的时刻壁垒。避免与杜绝基地航空公司大量占用和囤积航班时刻,造成时段资源虚耗的局面。对于航空公司在大型繁忙机场的历史航班时刻,可以在每年或者每次分配时刻时,逐步拿出一定比例推向市场,为航班时刻实现全面市场化配置提供经验与借鉴。

第三,实施差别化定价政策引导资源优化配置。对于大型机场,在高峰时期利用边际成本定价模式来调节拥堵现象,在非高峰时期则适当调低收费水平;对于中小支线机场,适当调低定价标准,在短期内因航空性收入调低价格而形成的亏损可以由地方政府进行适当的补贴。

### 7.1.2.2 探索时刻资源市场化配置机制

借鉴国外成熟做法,探索建立大型繁忙机场航班时刻二级交易机制,允许各个航空公司将自己在大型机场的存量航班时刻以有偿的方式拿到航班时刻二级交易市场上进行出租、出售、转让、抵押和拍卖等;或者建立大型机场航班时刻初次分配拍卖市场,对于每一个航季中新增航班时刻、机场高峰时段的航班时刻等分别评估定价,并进行拍卖。通过这些方式,引导一部分市场需求能外溢至机场群内其他干线、支线机场区域,统筹和盘活机场群内资源,实现航空资源优化配置。

### 7.1.2.3 推动运营主体创新协商与协调机制

新型机场群内各成员机场是一个有机联系的整体,推动各运营主体探索通过战略、产权、委托管理、信息技术等创新性手段,建立自觉进行时刻资源市场化配置的协商与协调机制。

## 7.1.3　引导市场构建多元化的航空服务产品体系

低成本航空是航空网络十分重要且不可缺少的部分,充分考虑区域市场不同的发展需求,制定有利于低成本航空发展的政策措施,与干线合作,大力保障低成本航空可持续发展,提高经济效益和社会效益。

### 7.1.3.1　强化通用航空的公共服务职能

首先,完善通用航空的城市公共服务体系。通用航空是未来城市化建设最经济的交通方式之一,是城市应急救援和公共服务必不可少的功能组成部分,因此在未来的通用航空发展过程中,政府应通过资金、政策等引导,完善通用航空的公共服务职能:第一,国家重大救援;第二,航空医疗救护;第三,航空消防,交通救助等社会公益类服务。

其次,强化通用航空在边远地区的公共交通功能。在新型城镇化建设中,大力发展通用航空的通勤航空是满足我国区域协调发展和建设和谐社会的需要。民航部门和地方政府要进一步研究推广通勤航空试点区域的成功经验,在一些边远地区、经济欠发达地区,合理布设通勤航空连接网,制定相应的通勤航空财政扶持制度,打造优质高效的综合交通运输网。

再次,降低通用航空机场的建设与使用标准,促进其有效实现公共职能。通用航空的运行对机场要求相对较低,因此需要制定专门的通航机场建设和使用标准,避免通用机场建设标准和投资过高而浪费资源,引导更多社会力量参与通用航空的建设。

### 7.1.3.2　创造有利于低成本航空发展的政策环境

我国低成本航空发展起步晚,面临空域资源、基础设施资源,甚至是政策资源等瓶颈制约,相关部门应制定差异化的空域资源分配机制和民用机场收费标准,营造有利于低成本航空公司和全服务航空公司公平发展与竞争的政策环境,为航空公司商业模式创新或差异化发展打开政策空间。

### 7.1.3.3　引导企业创新"互联网+服务产品集成"

根据新型城镇化建设中居民消费结构的变化,相关部门要通过科技创新基金、政策扶持等措施,引导机场、航空公司通过信息网络技术将旅客和优质自助服务连接起来,通过"互联网+服务产品集成"为旅客提供全方位服务,充分发挥航空运输对城镇化建设的支撑与引导作用。

### 7.1.3.4　促进通用航空发展

首先,加快空域等改革,构建适应通用航空发展要求的空管体系。空域条件是制约通用航空发展的关键因素,我国目前的空域管理手续复杂、及时性差等问题,在一定程度上制约了通用航空的发展。为加快空域管理体制改革,国家出台了《关于我国低空空域改革的指导意见》,有关部门应积极试点,总结经验,积极推进空域管理体制改革,构建适合通用航空发展需要的空域管理体制。

其次,实行分类指导的原则,发挥政府与市场的积极性。出台有关政策鼓励社会各界发展通用航空,对于公益型通用航空服务采用政府主导,社会参与的发展模式;对于为工业、旅游等服务和商业性通用航空采用由企业主导,政府加强监管的发展模式。同时,针对我国通用航空处于发展初期,需要政府给予必要的鼓励和扶持的实际情况,有关部门应制定相应的扶持政策,如降低机场收费,设立通用航空发展基金,提供人员培训、技术标准、空域管理、运行等服务以及给予市场准入、资金、税收、土地等扶持,鼓励社会发展通用航空。

# 7.2　推动政府形成合力发展民航

地方政府发展民航的积极性、主动性需要得到珍惜和尊重,民航部门需要借助行业的政策资源优势去推动、保护这种积极性与主动性,但是要转变地方政府发展民航的思维方式,将他们发展民航的劲头与势头引导到符合行业发展的规律上来,逐渐破除地方保护主义与短期效应,行政边界不应成为地方民航发展的护城河。

## 7.2.1　打破行政区域及管理体制界线

对政府的行政组织与权力结构进行相应的尺度重组,打破现有市域和部门的行政边界,形成合理的城市群管理机制与治理模式。在新型城镇化和区域一体化发展要求下,研究制定跨区域交通建设运营管理体制和相关政策,推动城市群一体化发展。在区域层面,突破"属地化"规划体系,整合不同区域层次的交通规划,形成城市群区域交通发展规划。健全区域综合交通规划实施机制,探索成立城镇化区域交通运输合作委员会,建立各组成城市的规划参与和实施协商机制,在更大的平台上促进区域交通发展规划得到落实。重视规划实施的评估工作,建立区域交通规划实施评估和监督制度。建立针对城市群的人口、经济及交通统计制度。

## 7.2.2　设立跨行政区的交通规划与运营机构

区域化是城市群建设的题中应有之义,并必然产生跨越行政区的交通基础设施资源供给、使用与管理的公共问题,以往以"行政区行政"[①]为特征的政府治理模式对此显然无能为力。比如,我国三大战略之一的京津冀协同战略,在交通基础设施的互联互通上,就要消灭行政区边界的断头路,要将分属三地的世界级机场群在体制机制上实现运营协同化与管理一体化。因此,设立跨行政区的交通规划与运营机构就成为必然,这在实施技术上不存在任何障碍,我国多地实施的跨区域生态补偿机制就提供了样本借鉴,美国纽约-新泽西港务局则是世界范围内区域公共管理实践的成功范例。

---

① 杨爱平、陈瑞莲:《从"行政区行政"到"区域公共管理"——政府治理形态嬗变的一种比较分析》,《江西社会科学》2004 年第 11 期,第 23-31 页。

### 7.2.3　实现基础设施共享共通

通过建设发达的综合基础设施网络,促进城市群区域内外经济交流,带动地区分工与合作,引导区域整体协调发展。围绕机场、高速公路、铁路等各方面加强交通网络的无缝对接,推进区域大交通体系规划,为区域乃至全国范围内的物流、人流、资讯流、技术流提供必要的物质基础条件。

优化机场群与区域综合交通网络的衔接,有效实施空铁联运,扩大机场群对城市群区域的服务覆盖范围,提升城市群综合运输效率与服务水平。推进核心机场与其他城市群核心机场和本城市群其他主要大型机场之间实施空铁联运,加快城际客货交通流动,将大大改善民航机场集疏运能力与效率,扩大机场群的服务覆盖范围,提高机场群运行效率。空铁联运将有利于发挥各种运输方式的优势,互为补充,促成高铁和航空合作的双赢格局。从硬件与软件建设两个方面同时着手,将机场群融入区域综合交通网络,提升区域综合交通一体化水平,引导城市群发展,支撑中心城市对城市群的带动引导,促进区域的合作与分工,加快大中小城市"同城化"。

### 7.2.4　给不当航线补贴行为戴上"紧箍咒"

地方政府出于运力资源竞抢动机而采取的财政补贴方式事实上形成了与补贴期限相一致的民航发展"行政区化"现象,在高额的补贴诱惑下,航空公司航线开通跟着补贴跑,哪里有补贴,航线就开到哪里,哪里补贴高,航线就开到哪里,使经济一体化所需要的航空资源要素按照市场法则进行跨区域的自由流动被行政性力量所干扰。

航线补贴助长了航空市场的非市场化竞争,诱使航空资源"投机性配置",对那些遵循市场经济规则、依靠自身努力实现目标的商业性市场竞争行为产生"挤出效应",在一定程度上撼动了打造民航强国的根基,诱发了航空公司投机性的逐利行为。地方政府那些违背了以救济市场失灵为目的的航线补贴,通过动辄上亿的巨额财政资金,非但没有培育起来航线,反而产生补贴的"温室效应",使得补贴资金成为航空公司盈利的重要来源,航空公司通过获取航线补贴而不是通过提升竞争力来支撑业绩。2016—2017 年东航股份补贴与奖励收入如表 7-2-1 所示。

表 7-2-1　2016—2017 年东航股份补贴与奖励收入(单位:百万元人民币)

| 项目 | 年份 | |
| --- | --- | --- |
| | 2016 | 2017 |
| 航线补贴 | 400 | 295 |
| 政府专项补贴 | 630 | 591 |
| 其他 | 305 | 171 |
| 合作航线收入 | 3 196 | 3 884 |

资料来源:《东方航空 2017 年度报告》。

　　航线补贴助长的过度竞争已然成为当代中国地方政府发展民航的基本实践状态。地方政府那些不科学的"民航发展政绩观",推动了国内二三线城市国际航线申请火爆,补贴期限届满,航线就停止了运营。造成的结果就是,分流了国际枢纽机场的境内客源,占用了稀缺的国际远程航权时刻资源,加剧了航空运输市场的去枢纽化态势,影响了国家民航发展的战略布局。广州建成国际枢纽是国家战略,为充分发挥地理区位优势,2009 年南航提出打造"广州之路"的枢纽发展战略,通过丰富广州的国际航线网络,将国内外旅客聚集到广州进行中转。为此,自 2010 年起,南航大量开辟广州始发、直达出境的洲际航线。2010 年—2014 年 5 月,南航共新增了 8 条洲际客运航线,其中 7 条是从广州始发的直达航线。但自从 2014 年 6 月各地洲际航线补贴大战风起云涌,南航洲际航线运力投入便开始分散。2014 年 6 月—2016 年 6 月,南航密集开通了 11 条洲际客运航线,其中仅 4 条是广州始发的直达航线,另有 4 条从广州出发,通过武汉或长沙联程出境,还有 3 条完全撇开广州。中转旅客几乎不会接受三段(含)以上的多段中转航线,因此无论是联程航线还是其他城市的直飞航线，无疑都分流了广州的中转客源，削弱了广州的枢纽地位。"广州之路"战略因此而被社会戏称为"经停之路"。

地方政府是机场等民航基础设施建设的主体，以航线补贴助推机场发展的主体作用需要得到充分尊重，但这只"有形之手"是否就可以促成"我的地盘我做主"？由上文地方政府航线补贴的不利影响可知，应该对这只"有形之手"进行相应的约束。竞争是市场经济的灵魂，竞争也是商业自由的体现，实现商业自由最好的条件、手段和途径是公平竞争，公平竞争的首要问题是要确定一个"公平的起点"。这只"有形之手"推动航线开通的热情不能干扰航空市场良性有序发展的公平环境与公平起点。

应禁止有碍公平竞争、有碍国家航空战略实施的航线补贴行为。可以考虑设立航线补贴负面清单制度，对此类航线补贴行为进行行业的事前监管与事后监督，引导地方政府的补贴行为为各地机场发展增强"造血功能"，减少对航空市场的不当干预。

民航主管部门联合市场监管部门共同制定航线补贴负面清单制度，列明地方政府航线补贴的禁止范围与类别。地方政府可能不当的航线补贴行为，民航主管部门可以通过委托第三方评估机构进行社会评估来判定。列入航线补贴"黑名单"的事项，可以从以下几个方面来考虑：不利于枢纽建设；不能够弥补我国航空网络航点空白；航线OD旅客流量不满足开通航线的基本市场规模；国内航点城市人口及经济基础不满足开通国际远程航线的需要；航线可持续经营能力不足，难以在补贴期满继续健康运营；航线市场存在过度的同质化竞争等。

航线补贴负面清单制度要设立责任追究机制，对不当航线补贴行为产生威慑力，维护我国航空运输市场正常运转。对那些实施不当航线补贴行为的地方，可以采取相应的惩罚措施：如暂停受理涉及该地方机场的一定时限内新增航线、加班、包机申请；暂停该地方一定时限内申请机场投资补助资格；暂停该地方一定时限内申请机场财政补贴资格等。

通过设立航线补贴负面清单,"法无禁止即可为",为地方政府与市场间划出一条明确的边界线。

# 7.3　大力推动不同运输方式互联互通

## 7.3.1　构建不同运输方式一体化发展机制

我国交通运输综合体系迎来了适应城市群发展的重组关键时期,需要在"大交通"的层面实现综合交通系统与城市群经济社会活动空间聚集的协同。从一些国家和地区运输主管部门的设立来看,运输方式一体化是全球共识。如英国为环境、运输与地区发展部,法国为公共工程、住宅、国土规划与运输部,德国为建设、交通与住房部,日本为国土、交通与基础设施建设省(简称国土交通省),澳大利亚为运输与地区服务部,韩国则为建设交通部,我国台湾地区设立的是统管运输、邮电、旅游和气象的综合性机构,我国香港特别行政区则设立了运输及房屋局。

我国目前的交通大部制,需要由"物理合并"向"化学反应"迈进,不然,诸如打破空铁联运车次选择局限、实现"空铁行李直挂"服务等社会愿望还只能可望而难即,单向、单一、封闭的交通规划转向互动、融合、开放的综合交通规划的"推手"和"抓手"还将缺位。

## 7.3.2　构建和优化机场群不同等级机场的集疏运体系

提高机场群对城市及城市群的服务效率和服务水平。针对机场群中不同等级的机场,宜构建不同的以机场为核心的综合交通集疏运体系。机场群中那些国际枢纽、区域枢纽这两个层级的机场宜构建起由高铁、城际铁路、城市轨道和高速公路组成的连接机场与本城市、城市群其他城市和其他城市群的多元化、多通道、大容量、快速的集疏运体系;中小型机场则宜建立以机场专用高速公路和市政公路组成的道路集疏运体系。城市多机场体系的主要机场之间宜构建大容量、快速的专用轨道交通或高速路衔接,以便于实施航线航班的衔接,更好地提高航空出行的便利性。

### 7.3.3 尽快制定综合交通运输法规

因综合交通运输法规不完善,当前我国任一交通方式的规划建设主体都没有互联互通"硬约束"的责任与义务。那些启用的互联互通交通基础设施大多是由某一相关主体主动发起,历尽万难,协调多层关系与多种利益,与相关方经由长期商谈而诺成,我国综合交通的标杆虹桥综合交通枢纽工程就是由上海机场集团发起而推动。

2015 年交通运输部启动的《综合交通运输"十三五"发展规划》提出全面深化交通运输改革、推进综合交通运输体系建设,但构建综合交通运输体系迫切需要的主要法规的立法进程远远滞后于理论认识与现实实践(见表 7-3-1)。

表 7-3-1　我国跨运输方式法规制定情况

| 法规层级 | 法规名称 | 法规内容 | 法规制定情况 |
|---|---|---|---|
| 法律 | 《综合交通运输促进法》 | 从行政管理角度,主要规范综合交通运输发展的总体规划、统筹协调和相互融合等问题 | 待制定 |
| | 《多式联运法》 | 从调整民商事法律关系的角度,主要规范多种运输方式衔接和组合过程中的法律行为及法律关系 | 待制定 |
| 行政法规 | 《综合交通运输枢纽条例》 | 《综合交通运输促进法》的配套行政法规,进一步落实和细化上位法规定的综合交通运输枢纽相关制度,以充分发挥其对不同运输方式的衔接作用 | 待制定 |

资料来源:交通运输部,《交通运输部关于完善综合交通运输法规体系的实施意见》,2016。

# 参考文献

[1]朱照宏,杨东援,吴兵.城市群交通规划[M].上海:同济大学出版社,2007.

[2]阿瑟·奥沙利文.城市经济学[M].苏晓燕,等,译.北京:中信出版社,2003.

[3]K.J.巴顿.城市经济学[M].北京:商务印书馆,1984.

[4]蔡孝箴.城市经济学[M].天津:南开大学出版社,1998.

[5]陈和.交通方式对城市郊区化模式的作用机制[M].大连:大连海事大学出版社,2012.

[6]丁守海.概念辨析:城市化、城镇化与新型城镇化[N].中国社会科学报,2014-05-30.

[7]陈和.航空城的成因:基于交通与土地利用关系的分析[J].大连:大连海事大学学报(社会科学版),2012,11(4):43-45.

[8]单卓然,黄亚平."新型城镇化"概念内涵、目标内容、规划策略及认知误区解析[J].城市规划学刊,2013,(2):16-22.

[9]陈明星.城市化领域的研究进展和科学问题[J].地理研究,2015,34(4):614-630.

[10]黄征学.城市群界定的标准研究[J].经济问题探索,2014
　　(8):156-164.

[11]田雪原.城镇化还是城市化[J].人口学刊,2013,35(6):5
　　-10.

[12]曹小曙,杨景胜,廖望.全球机场群空间格局及其对粤港澳大
　　湾区的启示[J].城市观察,2017(6):35-44.

[13]张宁.基于交通资源优化配置的机场群整合问题[J].综合运
　　输,2007(6):16-20.

[14]张莉,张越,胡华清.核心机场与多核机场群发展模式及其特
　　点研究[J].综合运输,2018,40(1):50-55.

[15]蒋永雷,杨忠振,王璐,等.区域机场同质化发展特征分
　　析——以长三角地区机场群为例[J].经济地理,2013,33
　　(02):122-127.

[16]吴威,曹有挥,梁双波.区域综合运输成本研究的理论探讨
　　[J].地理学报,2011,66(12):1607-1617.

[17]王倩,杨新湦.珠江三角洲城市群与机场群协同发展战略[J].
　　综合运输,2016,31(08):59-62.

[18]张莉,高超,胡华清.我国三大机场群与城市群协调发展比较
　　与建议[J].综合运输,2015,37(09):4-10+15.

[19]王春杨,任晓红.高铁对京津冀城市群时空格局的影响[J].城
　　市问题,2018(10):37-44.

[20]钟业喜,陆玉麒.基于铁路网络的中国城市等级体系与分布格
　　局[J].地理研究,2011,30(05):785-794.

[21]孙阳,姚士谋,张落成.长三角城市群"空间流"层级功能结
　　构——基于高铁客运数据的分析[J].地理科学进展,2016,35
　　(11):1381-1387.

[22]王姣娥,焦敬娟,金凤君.高速铁路对中国城市空间相互作用
　　强度的影响[J].地理学报,2014,69(12):1833-1846.

[23]鲍超,陈小杰.中国城市体系的空间格局研究评述与展望[J].

地理科学进展,2014,33(10):1300-1311.

[24]黄志刚,金泽宇.交通枢纽在城市空间结构演变中的作用[J].
城市轨道交通研究,2010,13(10):10-13.

[25]段进.国家大型基础设施建设与城市空间发展应对:以高铁与
城际综合交通枢纽为例[J].城市规划学刊,2009
(01):33-37.